Günter Hänsel   Fritz Noll

RACHE

in

Düsseldorf

Der Markus-Wolf-Prozeß

Den Umschlag gestaltete
Heinz Behling

ISBN - 3 - 928999 - 32 - x
Copyright 1994 by SPOTLESS-Verlag
(Nicht im Handelsregister eingetragen)
10178 Berlin Postfach 830
Druck und Weiterverarbeitung:
Czechoprint Úvaly

'ES KLINGT JA JETZT BALD SO, ALS OB DIE DDR EINEN KRIEG BEGONNEN HÄTTE UND ICH NUN ALS SCHULDIGER DER AGGRESSION AUF DER ANKLAGEBANK SITZE.'

(MARKUS WOLF IN EINEM INTERVIEW)

'WIR MACHEN HIER UNSEREN JOB UND FERTIG. DAFÜR SIND WIR AUSGEBILDET WORDEN!'

(OBERSTAATSANWALT SIEGMUND
IN EINEM INTERVIEW)

VORAB

Am ersten Dezembermontag 1993 war in Düsseldorf das Urteil gegen Markus Wolf gesprochen worden. 48 Stunden später rief der Chefredakteur des "Toronto Sun" den Kommentator Eric Margolis in sein Büro und gab ihm den Auftrag, für die Donnerstagsausgabe einen Beitrag über den "Fall Wolf" zu schreiben. In einer Zeitung der Sun-Gruppe kein ungewöhnlicher Auftrag; die in allen kanadischen Großstädten erscheinenden Blätter marschieren gern in der Vorhut antikommunistischer Feldzüge und haben es dabei leicht: kaum ein Kanadier kann sich ein reales Urteil über die Situation in den Ländern erlauben, in denen der "Kommunismus" herrschte. So bedient man sich hemmungslos der ärgsten Horrorvokabeln. Eric Margolis machte keine Ausnahme. Schon die Schlagzeile "Ein Wolf im Wolfspelz" gab die Richtung an. "Dieser Kommentar", begann der Autor, "äußert keine Sympathie für

Kommunisten" und kam dann bald zum Thema: "Aber ich möchte den legendären Stasigeneral Markus Wolf grüßen, ein furchtbarer Feind und der größte Ostblockspion des Kalten Krieges. Am Montag kam Wolf aus der Kälte - bestraft von einem deutschen Gericht zu sechs Jahren wegen Verrats... Der bekannte Spionageromancier John le Carré benutzte Wolf als Muster für Karla, den sowjetischen Meisterspion, der den britischen Geheimdienst in die Knie zwang." In diesem Stil fuhr der Kommentator fort, bekannte dann aber plötzlich: "Wolf war Bürger einer international anerkannten Nation, Ostdeutschland - nicht Westdeutschland. Sein Urteil wegen Verrats war eine Farce und widersprach den Grundsätzen des internationalen Rechts..." beruhigte dann aber seine Leser: "Mit Sicherheit ist er an irgend etwas schuld."

Margolis schloß seine Zeilen mit der Vermutung: "Während wir über diese Frage nachdenken, dürfte Wolf vermutlich lukrative Film- und Buchverträge seiner faszinierenden Geschichte unterschreiben."

Der Durchschnittskanadier dürfte das alles für glaubwürdig halten: den schrecklichen kommunistischen Spion Wolf und die Filmangebote, die man ihm nun machen wird. Vielleicht hofft er sogar darauf, in irgendeinem seiner vielen Fernsehkanäle demnächst eine Wolf-Serie sehen zu können.

Was - so könnte gefragt werden - hat das mit dem Prozeß gegen Markus Wolf in Düsseldorf zu tun? Die Antwort fällt nicht schwer: der Fall interessierte bis hin an die Ufer des Ontariosees. Selbst dort, wo man wenig über die Verhältnisse im heutigen Deutschland weiß, mußte man zugeben, daß es sich um ein ungesetzliches Verfahren handelte und auch dort vermutet man, daß dieser Mann, der während seines Prozesses schwieg, einiges zu erzählen hätte.

Markus Wolf hat sich immer dagegen verwahrt, als der legendäre Meisterspion tituliert zu werden und bislang auch keine Absicht erkennen lassen, sich mit "Enthüllungen" - die garantiert für Aufsehen sorgen würden - unter die sogenannten Bestsellerautoren zu begeben.

Der junge Rundfunkjournalist wechselte Anfang der fünfziger Jahre nicht aus Abenteurerlust in die Geheimdienstbranche. Schon die Sowjetische Besatzungszone Deutschlands hatte eine Lawine illegaler Attacken erlebt. Ställe gingen in Flammen auf, Betriebe wurden ausgeplündert, Patente gestohlen, Wissenschaftler abgeworben und am 3. August 1949 der Polizist Gerhard Hofert erschossen, als er sich weigerte, nach dem Westen überzulaufen. Nach der Gründung der DDR nahm der Feldzug der Gewalt zu.

Das war das Umfeld jener Tage in den Markus Wolf das Mikrofon beiseitelegte und sich seiner neuen Aufgabe zuwandte.

Nun stand der Sohn eines angesehenen deutschen Schriftstellers - es soll nicht verschwiegen werden, daß man in vielen Berichten und Kommentaren, auch bei Margolis, einen Hinweis auf die jüdische "Herkunft" las oder hörte - in Düsseldorf vor Gericht und wurde zu sechs Jahren verurteilt. Der von dem Toronto-Sun-Kommentator gewählte Begriff "Farce" ist treffend, aber dennoch nicht zutreffend. Das englische Wort wird nämlich auch mit "Posse" übersetzt. In Düsseldorf wurde zwar eine Posse inszeniert, aber nicht um jemanden zu belustigen, sondern um Rache zu üben. Es war die Rache derjenigen, die so oft erfahren mußten, daß ihre zahllosen Pläne, die DDR wieder aus der Welt zu schaffen, in Berlin schon eingesehen werden konnten, ehe man noch dazu gekommen war, sie in die Tat umzusetzen. Wer die These von dem "Wieder-aus-der-Welt-schaffen-wollen" der DDR für eine

Übertreibung halten sollte, wird auf die Sitzung der Enquete-Kommission im Reichstag verwiesen, bei der sich die Spitzen der Bonner Politik darin überboten, ihren Anteil daran nachzuweisen...

Gotthold Ephraim Lessing schrieb einmal: "Die Rache ist keine Zierde für eine große Seele."

Mit großen Seelen sah sich Markus Wolf vor Gericht nicht konfrontiert!

Mit diesem Taschenbuch komplettiert SPOTLESS die Reihe seiner Prozeß-Reports. Sie ist - nicht zuletzt dank der darin auch publizierten Plädoyers renommierter Anwälte - ein Kapitel deutscher Zeitgeschichte. Kein rühmliches für die, die die Prozesse inszenierten, auch nicht für die Ankläger und zuweilen auch nicht für die Richter - aber ein bewahrenswertes für den Tag, an dem sich Historiker mit dem unseligen Versuch befassen werden, Politik zu kriminalisieren.

Selbst im fernen Toronto war Eric Margolis aufgefallen, daß ein solcher Prozeß eine "Farce" ist.

Knut Holm

Markus Wolf

Schlußwort vor Gericht

Am 4. Mai, nach der Eröffnung dieses Prozesses sagte ich, das Gericht könne aus meiner Sicht noch am selben Tag sein Urteil sprechen. Die Ablehnung der zuvor gestellten Anträge der Verteidiger und ihre Begründung durch den Senat präjudizierten bereits meine Verurteilung. Der gesamte weitere Prozeßverlauf hat dies bestätigt.

Vom ersten Tag an stand fest, daß ich Leiter der HVA, eines Nachrichtendienstes der DDR, war und mich als solcher auch mit Menschen getroffen habe, die im Rechtsverständnis der Bundesrepublik als Agenten bezeichnet werden. Ich bleibe dabei, daß ich für die auf der Grundlage der Verfassung und der Gesetze der DDR erfolgten Handlungen der mir unterstellten Mitarbeiter die volle Verantwortung trage und übernehme. Dazu habe ich mich am ersten Prozeßtag bekannt. Einige der hier verlesenen Urkunden hätten genügt, dieses "Geständnis" hinreichend zu ergänzen, um der Strafprozeßordnung Genüge zu tun.

Ein solches Vorgehen hätte aber die Absicht des Generalbundesanwalts zu deutlich erkennen lassen, einen exemplarischen Prozeß gegen den "Unrechtsstaat" und einen seiner Hoheitsträger zu inszenieren. Um diese politische Absicht zu vertuschen, wir leben schließlich in einem Rechtsstaat, behauptet die Bundesanwaltschaft, ich sei nicht wegen meiner Gesamtverantwortung als Leiter der Hauptverwaltung Aufklärung angeklagt, der wie jeder Minister für das gesamte Tun seiner Mitarbeiter die politische Verantwortung trage, sondern wegen konkreter Handlungen bei der Auftragserteilung an 30 einzelne Agenten und wegen Weitergabe wichtiger Informationen an den Hauptverbündeten im Warschauer Vertrag. Dieser wenig überzeugenden, wortreich begründeten Vorgabe verdanken wir das bereits sieben Monate andauernde aufwendige, juristische Verfahren.

Der Etikettenschwindel bescherte uns 42 Verhandlungstage, die nicht einen Deut über das hinaus erbrachten, was schon am ersten Tag feststand. Alle Versuche der Bundesanwaltschaft, der Hauptverwaltung A und mir über den Gegenstand der Anklage hinausgehende kriminelle Delikte anzulasten, Beweise für die Durchführung von Anschlägen, Morden oder Entführungen zu konstruieren, waren vergeblich. Sie mußten scheitern, weil derartige Verletzung der Menschenrechte unseren nachrichtendienstlichen Zielen fremd waren.

Die Zuhörer des Prozesses erhielten beim Verlesen diverser administrativer Papiere und dem Vortrag langatmiger Gutachten vorwiegend Einblick in die Banalität geheimdienstlicher Führungstätigkeit. Die Geduld der Prozeßbeobachter wurde oft hart strapaziert, und am Ende dieser Mühen steht nichts anderes, als daß es auch in der DDR tatsächlich einen Nachrichtendienst gegeben hat, der HVA hieß und der nicht untätig war. Das bekundeten auch die vielen Zeugen, von denen allerdings die meisten die Erwartung der Bundesanwaltschaft nicht befriedigt haben dürften, die sich mit ihrer Vorgabe selbst in die mißliche Lage gebracht hat, mich als Agentenführer vorführen zu müssen. Das konnten die Zeugen nicht bestätigen, denn nicht das war meine Aufgabe. Obwohl das Gericht minutiös der Vorgabe der Bundesanwaltschaft folgte, ist die Absicht gescheitert, der politischen Abrechnung ein juristisches Mäntelchen umzuhängen. Für jeden objektiven Beobachter wurde dieser Prozeß zur Farce. Es wäre ehrlicher gewesen, namens der Gewinner der deutschen Einheit offen zu sagen: "Jetzt haben wir euch, nun wird die Rechnung präsentiert und ihr müßt büßen!"

Warum scheuen sich Staatsanwälte und Richter einzugestehen, daß es auch in der Bundesrepublik eine politische Justiz gibt? Sie hat es in der deutschen Geschichte immer gegeben. Der Herausgeber der "Weltbühne", Carl v. Ossietzky, wurde in der Weimarer Republik vom Reichsgericht am 23. November 1931 wegen Landesverrats verurteilt und eingekerkert. Der 3. Strafsenat des Bundesgerichtshofes, auch für mein Verfahren zuständig, hat ebenso wie der Generalbundesanwalt die Aufhebung des Ossietzky-Urteils verweigert. Der politische Charakter der deutschen Justiz während der Hitlerzeit bedarf keiner Erläuterung. Politische Urteile gab es vor der Vereinigung in beiden deutschen Staaten.

Angeklagt bin ich nicht in erster Linie, weil ich einen Nachrichtendienst des unterlegenen Gegners aufgebaut und geführt habe, dafür sicher auch. Verurteilt werden soll ich, weil es vierzig Jahre die Deutsche Demokratische Republik gegeben hat, die es im politischen und Rechtsverständnis der Urheber solcher Veranstaltungen nie hätte geben dürfen; weil ich mich am 4. November 1989 auf dem Berliner Alexanderplatz zu meiner Verantwortung in diesem Staat bekannt habe, weil ich mich weiter dazu bekenne, diesem sozialistischen Versuch auf deutschem Boden und seiner Verteidigung engagiert gedient zu haben und weil ich nach seinem Scheitern nicht bereit war, vor den Siegern zu Kreuze zu kriechen. Der Herr Bundesanwalt, der mir und ehemaligen Mitarbeitern meines Dienstes die Freiheit zu reden, nur noch bei Aussagen gegenüber seiner Behörde und vor Gerichten zugestehen will, teilt diese Scheu des Senats offenbar nicht. Es war die Siegermentalität, die ihn am ersten Verhandlungstag erklären ließ, die Anwendung des Rechts sei "eine Frage der Armeslänge". Sein auf Vergeltung gerichteter Antrag läßt daran keinen Zweifel.

Vor Tisch, vor der Vereinigung, hörte sich das anders an. Versöhnung, nicht Vergeltung sollte das "Zusammenwachsen" begleiten. Bezeichnenderweise nahm der Herr Bundesanwalt in seinem Plädoyer, als er sich auf den Gesetzgeber berief, das Wort "Einigungsvertrag" nicht einmal in den Mund. Das Gericht hatte die Chance, mit der Ladung der mit diesem Vertragswerk kompetent befaßten Zeugen, Dr. Wolfgang Schäuble und Lothar de Maiziére, direkt etwas über den Geist des Vertrages und die Absichten des Gesetzgebers mit dem Artikel 315 in der Anlage 1 zum Einigungsvertrag zu erfahren. Dadurch wäre auch Licht in die damit zusammenhängende Behandlung von Mitarbeitern der Nachrichtendienste gebracht worden, und es wäre zu klären gewesen, ob uns die Regierung der DDR ihren Schutz entzogen hat. Das ist eine Frage, die nicht nur für diesen Prozeß von grundlegender verfassungsrechtlicher Bedeutung ist. Das Oberlandesgericht in Düsseldorf hätte mit der Ergründung des Geschehens ähnlich den Richtern des Berliner Kammergerichts, seine Unabhängigkeit auch gegenüber der vorgefaßten Meinung des Bundesgerichtshofs beweisen können, der für die Bundesanwaltschaft die einzige und letzte Autorität zu sein scheint. Der Senat folgte dem Antrag des Bundesanwalts und lehnte diesen Antrag der Verteidigung ebenso ab, wie fast alle vorangegangenen. Begründet wurde das mit dem Grundsatz der Gewaltenteilung. Sämtliche Anträge der Bundesanwaltschaft fanden dagegen die Zustimmung des Gerichts. Von der Gewaltenteilung habe ich in diesem Saal nichts, die Gewalt der Machtverhältnisse dafür um so deutlicher verspürt.

Für die Auswahl der Zeugen müßte ich der Bundesanwaltschaft eigentlich danken. Sollte es ihre Absicht gewesen sein, durch sie den Nachweis zu führen, daß nicht Gewalt, Druck und Erpressung erfolgreiche Methoden meines Dienstes gewesen sind, so ist dies eindrucksvoll geschehen. Keiner der oft viele Jahre in der Bundesrepublik für die DDR tätig gewesenen Frauen und Männer hat geleugnet, dies aus Überzeugung getan zu haben. Obwohl für uns eine Welt zusammengebrochen ist und bittere persönliche Konsequenzen zu tragen sind, hatte ich bei den meisten dieser Zeugen das Gefühl, daß sie auf ihre Gesinnung nicht verzichtet haben. Eine solche Haltung verdient Respekt. Wenn ich in diesem Saal Schuld empfunden habe, dann nicht vor dem Gesetz, sondern durch die Begegnung mit diesen Menschen. Der Preis, den sie jetzt zu zahlen haben, ist hoch. Zu hoch für ein gescheitertes Experiment. Aber für den Frieden war und ist kein Preis zu hoch.

Trotz alledem, was geschehen ist, können uns die Gewinner unsere Verbundenheit nicht nehmen. Diese Erfahrung zählt zu meinen besseren in den zurückliegenden Monaten, nicht nur in diesem Saal. Während der Dauer des Prozesses durfte ich mich relativ frei bewegen. Auf den Straßen, in den Verkehrsmitteln hat es kaum feindselige Äußerungen gegeben, dafür hunderte freundliche Begrüßungen, immer wieder mit einem festen Händedruck und aufmunternden Worten. Bekannte und Unbekannte in und außerhalb dieses Saales zeigten ihre Anteilnahme und Solidarität. Sie halfen mir, und vor allem auch meiner Frau, die in all den Monaten nicht von meiner Seite wich, die Lasten dieses Verfahrens zu tragen und dabei die gute Laune nicht zu verlieren. Für jeden, der um Recht kämpft, ist Solidarität etwas ganz Wichtiges, vielleicht das Wichtigste überhaupt. Die Solidarität lassen wir uns nicht nehmen. Sie wird allen um ihr Recht Kämpfenden helfen, die Zuversicht nicht zu verlieren und aufrecht zu bleiben.

Der Bundesanwalt wirft mir vor, den ehemaligen Mitarbeitern der Aufklärung der HVA immer noch Beispiel sein zu wollen. Er ist unzufrieden, daß zu wenige bereit sind, bei seiner Behörde zu reden und ihr Wissen preiszugeben. Wie unwohl sich jene fühlen, die geredet haben, konnten wir in diesem Saal erleben. Der Druck, endlich zu reden, wird mit der Behauptung schmackhaft zu machen versucht, es sei doch ohnehin schon alles bekannt. Da fragen natürlich viele Menschen, wozu dann dieser enorme Aufwand, Tausende von Ermittlungsverfahren, Vernehmungen, Jagd auf Agenten, die seit Jahren ihre Tätigkeit eingestellt haben. Polizei, Verfassungsschutz, Staatsanwälte und Gerichte hätten doch bei der Bekämpfung der zunehmenden Kriminalität, vor allem auch der Gewaltverbrechen und der von rechts ausgehenden Gefahr genug anderes zu tun.

Dieses Gericht wird mich verurteilen. Gleich welches Strafmaß es verhängt, es wird ein politisches Urteil sein. Von den Visionen, an die unsere Väter einmal glaubten, von unserem Versuch, eine gerechtere gesellschaftliche Ordnung aufzubauen, soll nichts anderes als Unrecht im Bewußtsein der Lebenden und der kommenden Generationen bleiben. Das ist der eigentliche Sinn der politischen Prozesse, die jetzt geführt werden.

Die politischen Strukturen des anderen Staates zerstört, seine Intelligenz und Wirtschaft vereinnahmt oder "abgewickelt" zu haben, genügt den Verfechtern der kapitalistischen Ordnung offenbar nicht. Es reicht nicht, Bürgern der DDR Eigentum und soziale Rechte, das Recht auf Arbeit, Renten und Gleichberechtigung streitig gemacht zu haben. Keiner soll mehr erhobenen Hauptes gehen dürfen, der an die Möglichkeit eines anderen Deutschland mit mehr sozialer Gerechtigkeit geglaubt hat, an ein Deutschland ohne Hochmut und nationalen Dünkel und ohne die Gewalt des Geldes.

Nachdem uns der Staat abhanden gekommen ist, von dem wir lange glaubten, er könne dafür das Beispiel werden, soll den Menschen, die in den gegenwärtigen Zuständen nicht die erstrebenswerte Alternative sehen, der Glaube an jede andere Möglichkeit genommen werden. Was ist von dem Zusammenwachsen zweier Staaten, von dem Zusammenleben ihrer Menschen in einem gemeinsamen Haus geblieben, einem besser eingerichteten Haus als zu Zeiten der Konfrontation? Was ist geblieben von der Vision des europäischen Hauses ohne nationale Überhebung und Übervorteilung, vielleicht mit einem geistig-kulturellen Zentrum in Berlin? Eine geschichtliche Chance, die mit dem erklärten Ende des Kalten Krieges gegeben war, wird wie in diesem Saal im kleinen auch im großen vertan.

Mit Ihrem Bemühen, mich persönlich zu diffamieren und mir Zivilcourage abzusprechen, haben Sie, Herr Bundesanwalt, entschieden zu hoch gegriffen. Sie werden mit meiner Anwesenheit in Deutschland weiter vorlieb nehmen müssen. Eine Flucht wäre auch nach Ihrem Antrag sicher kein Problem gewesen. Ihre Verfolgungsbesessenheit hätte damit eine nachträgliche Legitimation und neuen Auftrieb erhalten. Diesen Gefallen kann und werde ich niemandem tun. Sie können uns dem Druck Ihrer Macht, Berufsverbot und extremer sozialer Ausgrenzung aussetzen, uns den Anstand und die Ehre zu nehmen, steht nicht in ihrer Macht.

Mit ihrem verengten Geschichtsverständnis des Kalten Krieges werden Sie nicht begreifen können, daß ohne die Zäsuren von 1933 und 1945 die gesamte Geschichte der DDR und auch mein Lebensweg nicht zu verstehen sind. Ich hatte weder die Gnade der späten Geburt noch des Dienstes in der deutschen Wehrmacht oder in Behörden des Hitlerreiches. Sonst könnte ich jetzt das Recht auf eine ausreichende Pension oder Rente beanspruchen und in Ruhe mit meiner Familie leben. Das wenig ruhmvolle Ende der DDR und des von mir mehrere Jahrzehnte geleiteten Dienstes ändern nichts daran, daß wir seit der Niederlage des dritten Reiches und von Beginn an das Anliegen hatten, von deutschem Boden dürfe nie wieder Krieg ausgehen. Damals standen an unserer Spitze Männer, die aus den Gefängnissen und Konzentrationslagern des Nazireiches, aus der Emigration und der Illegalität kamen. Unter einem Kanzler, der konsequent den Weg der deutschen Wiederaufrüstung beschritt, wurde die Tätigkeit der westdeutschen Dienste von dem geistigen Judenmörder Hans Globke koordiniert. Der äußere Nachrichtendienst war von den Hitlergeneralen Reinhard Gehlen und Gerhard Wessel bereits wieder auf den alten Gegner ausgerichtet. Viele Jahre stand der Verfassungsschutz, die innere Abwehr unter der Leitung des Präsidenten Schrübbers, der als Staatsanwalt seinen Anteil an der von der Nazijustiz hinterlassenen Blutspur hatte. Es kann und es wird Ihnen nicht gelingen, in der DDR begangenes Unrecht mit den Verbrechen des Hitlerstaates gleichzusetzen. Mögen uns der Glaube, das bessere Deutschland zu vertreten und die Konfrontation des Kalten Krieges den Blick auf die Gebrechen unseres Systems, die Kluft zwischen historischem Anspruch und den Lebensinteressen vieler Menschen verstellt haben, an unserer Gesinnung hat sich nichts geändert. Viele von uns' haben sich deshalb für notwendig gewordene Veränderungen eingesetzt. Weil dies zu spät und vergeblich geschah, werden wir uns noch lange mit den Ursachen des Zusammenbruchs des Staatssozialismus in Europa auseinandersetzen müssen.

Mit siebzig ist es sicher an der Zeit, sich nach der Bilanz des eigenen Lebens zu befragen. Hier steht das Wort "Verrat" im Raum. Habe ich etwas von den Werten verraten, die meinen Lebensweg begleitet haben, die meinen Vorbildern, meiner Familie, mir selbst wert und teuer waren? Wir haben geirrt, vieles haben wir falsch gemacht, die Fehler und ihre Ursachen viel zu spät erkannt. Aber ich halte an den Werten fest, mit denen wir die Welt verändern wollten. Es war ein hoher, wahrscheinlich zu hoher Anspruch. Darüber Rechenschaft abzulegen, ist hier nicht der Ort. Den von der Anklage behaupteten "Landesverrat" habe ich mit Sicherheit nicht begangen.

Mein Land habe ich nicht verraten. Ich habe keine Menschen verraten.

Mein Schweigen nannten Sie, Herr Bundesanwalt, nicht ehrenwert. Schon ein Größerer, Karl Liebknecht, auch Sozialist und Kriegsgegner, sagte zu seinen Anklägern: "Ihre Ehre ist nicht meine Ehre."

Günter Hänsel

Beobachtungen, Notizen, Gedanken

Dies sind Bemerkungen eines Prozeßbeobachters, der in dem halben Jahr Woche für Woche in den Keller des Oberlandesgerichts am Düsseldorfer Rheinufer, in den Sicherheitstrakt hinabstieg. Meine Motive: diesen Prozeß zu beobachten, die Sprache der Ankläger zu hören, Siegerjustiz aus der Nähe zu erleben, Solidarität mit dem Angeklagten zu bekunden - und diese Notizen zu sammeln.

Bei der Prozeßeröffnung am 4. Mai hatte der Angeklagte Wolf erklärt, er respektiere die Gesetze der Bundesrepublik Deutschland, "ob sie mir gefallen oder nicht". Nur: "Bürger der Bundesrepublik Deutschland wurde ich erst am 3. Oktober 1990. Bis zu diesem Tag war ich Bürger der Deutschen Demokratischen Republik. Zur Beurteilung dessen, was ich seit ihrer Gründung bis zum Tag der Vereinigung getan oder unterlassen habe, sind allein die Verfassung und die Gesetze der DDR maßgebend. Jedes andere Herangehen widerspricht Völkerrecht und Rechtsstaatlichkeit."

Das Gericht und sein Vorsitzender Wagner machten schon am ersten Tag des Prozesses deutlich, daß sie sich um solche Feinheiten nicht zu scheren gedachten. Den Antrag der Verteidiger Rolf Römmig und Johann Schwenn, mit der Verhandlung auf eine Entscheidung des Bundesverfassungsgerichts zu warten, das noch ein Urteil über die Rechtmäßigkeit solcher Verfahren fällen muß, wurde abgelehnt.

Damit begann die unendliche Kette von Entscheidungen, mit der sich das Gericht benahm, als hinge es an der Leine des Bundesanwalts Lampe und des Oberstaatsanwalts Siegmund, den Männern in lila, die sich aufführten, als fungierten sie als Hilfssheriffs der Anklagebehörde. Solch Verhalten zur Gewaltenteilung ist in deutschen Prozessen häufig zu erleben, in Verfahren gegen Kaninchendiebe ebenso wie in Mordprozessen, doch eine so enge Zusammenarbeit wie sie in Düsseldorf täglich zu erleben war, ist selten anzutreffen.

Monate hindurch, noch am Tage ihrer Plädoyers, fühlten sich die Herren von der Bundesanwaltschaft bemüßigt, über Zweifel an der Rechtmäßigkeit des Prozesses hinwegzureden, rechtliche Bedenken zu unterdrücken. Jawohl, meinte Herr Lampe, es gebe eine verfassungsrechtliche Problematik, zudem hätten viele Argumente der Verfahrensgegner Gewicht - aber im Einigungsvertrag sei der Schutz vor Strafverfolgung eben nicht vorgesehen worden, die DDR-Seite habe darauf verzichtet.

Und selbst diese dürftigen Argumente konnte er nur vorbringen, weil das Gericht zuvor triftige Anträge der Verteidiger abgelehnt hatte - so den Antrag, die Herren Schäuble und de Maiziére als Zeugen vorzuladen. Beide waren - so hatten sich die Verteidiger vergewissert - bereit auszusagen. Sie hätten erzählen können, daß im Einigungsvertrag nur aus Zeitgründen keine solche Regelung getroffen worden ist, daß aber der Schutz vor Strafverfolgung einer späteren gesetzlichen Regelung vorbehalten bleiben sollte. Die hat es nie gegeben. Dafür gab es den Prozeß gegen Markus Wolf. Dafür konnte ein Bundesanwalt seine - allerdings dürftige - Anklage zusammenzimmern.

Ein anderes deutsches Gericht hatte bekanntlich arge Zweifel, als es mit einer ähnlichen Situation konfrontiert worden war. Das Berliner Kammergericht hatte am 22. Juli 1991 das Verfahren gegen Generaloberst a. D. Großmann und andere Offiziere des ehemaligen Ministeriums für Staatssicherheit der DDR ausgesetzt und das Bundesverfassungsgericht angerufen, um die Rechtmäßigkeit eines solchen Prozesses verfassungsrechtlich prüfen zu lassen. Die Berliner Richter hatten die durch Art. 315 Abs. 4 EGStGB i. d. F. der Anl. I Kap. III Sachgebiet C Abschn. II Nr. 1 lit. b des Einigungsvertrages beibehaltene Strafverfolgung für verfassungswidrig gehalten.

Darauf hatten sich die Verteidiger von Markus Wolf verständlicherweise berufen. Aber die Düsseldorfer Gerichtsherren "pfiffen" auf solche Zweifel und das Bundesverfassungsgericht.

Zurück zum 4. Mai 1993: an diesem Tag wurde Markus Wolf faktisch schon mit der Eröffnung des Prozesses, mit der erwähnten Unterdrückung aller rechtlichen Bedenken und verfassungsrechtlichen Einwände vorverurteilt. Die Monate bis zur Urteilsverkündung dienten nur dazu, DDR-"Untaten" vorzuführen, Stasi-Unterhaltungsstoff gegen die Folgen der realen Wiedervereinigungs-Praxis aufzuwiegen. Zumindest wurde es versucht.

Ich verzichte auf weitere juristische Wertungen. Aus gutem, schon erwähnten Grund: das war ein politischer Prozeß, und als solcher war er erregend und klärend gleichermaßen, zum Verzweifeln stumpfsinnig zuweilen und doch auch wieder nützlich für jemanden, der den Kapitalismus und seine Organe samt ihrer Politik noch immer nicht mag.

Fortan sollen also nur Begebenheiten aufgezeichnet werden, Merkwürdigkeiten auch, die den Prozeß in fünf Monaten illustriert haben, und ein paar Gedanken, die einem im Keller des Düsseldorfer Oberlandesgerichts kommen mußten.

All die Monate sind Zeugen aufmarschiert - Mitarbeiter des ehemaligen Ministeriums für Staatssi-

cherheit der DDR und auch "Quellen" aus dem Westen. Das beinahe Faszinierende war: alles, was sie
sagten, war dem Senat und auch der Bundesanwaltschaft schon bestens bekannt. Alles war von
diesen Zeugen vor Vernehmungsbeamten und auch
vor Gerichten mehrfach gesagt worden. Das ist
nicht so ungewöhnlich, weil der Ankläger seine
Anklage auf Aussagen aufbaut und der Richter vor-
her einen Blick in die Akten wirft, aber hier mußte
man den Eindruck gewinnen, alles lief nach einem
Drehbuch ab, minutiös.

Alles, was der Drehbuchautor für gut befunden
hatte, mußte noch einmal gesagt werden. Und so
kam es, daß der Vorsitzende Richter Wagner den
Zeugen wie ein Souffleur häufig aushelfen konnte
und ihn "ergänzte", wenn er es für nötig hielt. Fest
stand, er wußte schon alles! Gefragt wurde, was
man für das Protokoll noch brauchte. Es kam sogar
vor, daß er Zeugen wie Kumpels aus der nächsten
Eckkneipe begrüßte. Bei einem brachte er sich in
Erinnerung: "Wir haben uns ja schon gesehen." Einen anderen, den er unlängst verurteilt hatte, fragte
er fast besorgt: "Wie geht es Ihnen denn?"

Da waren hochrangige und erfahrene Offiziere
aus dem Ministerium für Staatssicherheit wie etwa
ein General, ein Elektronikfachmann. Er gefiel sich
mit Bemerkungen über die Effizienz seiner früheren
Arbeit. Ja, versicherte er eifrig, er habe nach der
Wende auch mit dem Bundesnachrichtendienst
konferiert, habe sogar ein Gutachten erarbeitet und
den Bundesnachrichtendienst auf Fehler und Lük-
ken in seinem System hingewiesen.

Ein promovierter Herr von der Abteilung Auswer-
tung des MfS eilte den Fragen des Richters Wagner
wie ein Schrittmacher voraus: "Wenn ich das mal,
Herr Vorsitzender, etwas genauer beschreiben
darf..." Oder: "Das muß ich näher erklären..." Das
ging soweit, daß Richter und Bundesanwälte, die

das ja alles kannten, Mühe hatten, ihre Langeweile zu unterdrücken, und sich zwangen, ein Gesicht zu machen, als sei alles für sie brandneu. Und der Promovierte schwadronierte untertänigst weiter.

Das war mitunter quälend, und ich wußte bei mancher besonders argen Selbsterniedrigung nicht, ob ich Mitleid oder Scham empfinden sollte. Klar wurde mir: da ist ein Mensch kaputt. Und ich fragte mich : wann und woran mag er kaputtgegangen sein? Früher schon oder jetzt erst?

Diese Menschen befanden sich 1989/1990 und später sicher in einer Ausnahmesituation. Deshalb wage ich kein Urteil. Ich möchte als Westdeutscher, Kommunist zumal, nicht falsch verstanden werden: es geht nicht darum, daß Mitarbeiter des MfS für sich zu dem Schluß gekommen sind: das war es wohl doch nicht! Ich habe Falsches in meinem Leben getan, muß mich revidieren - dafür könnten sie Verständnis fordern. Aber dieser untertänige Gehorsam, dieses Übermaß an Beflissenheit - ich hätte denen zurufen wollen: das verlangen sie doch gar nicht von euch! Aber sie taten es und schlichen mehr als sie gingen dann, ohne jemanden anzusehen, wieder aus dem Saal...

Viele Zeugen anderer Haltung kamen mit einem Anwalt, weil gegen sie noch Verfahren liefen. Sie stellten sich nicht zur Verfügung, verweigerten sich, um sich zu schützen. Das war von ihnen keine Kameraderie im schlechten Sinne, sondern häufig einfach Solidarität. Und die Überzeugung, trotz allem Notwendiges getan zu haben. Da gab es dann Blickkontakte, einen Gruß zum Angeklagten und seinen Angehörigen, nicht selten sogar eine kurze Begegnung in der Pause.

Einige Offiziere hatten früher ausgesagt und wollten wieder weg von ihren Erklärungen. Das wurde nicht zugelassen.

"Aber Herr Zeuge", sagte dann der Vorsitzende oder der Bundesanwalt, "sie haben doch in ihrer Aussage am soundsovielten gesagt", und dann folgte das benötigte Zitat aus dem Protokoll. Nein, Rückzüge wurden nicht zugelassen. Sie hatten den kleinen Finger gereicht oder gar ihre Hand, nun wurde ihnen der Arm ausgekugelt. Das ist gesetzmäßig.

Die Verteidiger fragten solche Zeugen dann schon mal: "Gegen Sie liefen Ermittlungen?" Die Antwort lautete: "Ja"

"Sie wurden mehrmals verhört?"

"Ja."

"Was ist aus Ihrem Verfahren denn geworden?"

"Das weiß ich nicht."

"Ja, haben sie denn eine Anklageschrift erhalten, ist ein Verfahren eröffnet worden?" "Nein!"

"Keine weiteren Fragen..."

Oder die Verteidiger erkundigten sich: "Sie sind zu Hause aufgesucht worden?"

"Ja."

"Von wem?"

"Von einem Herren vom Verfassungsschutz."

Oder auch: "Von einem Herrn vom Bundeskriminalamt, von der Bundesanwaltschaft."

"Noch eine Frage: "Wo haben Sie damals gewohnt?"

"In Ostberlin."

"Und wann war das?"

" So Anfang 1990."

"Aber da gab es doch noch die souveräne DDR. Man hat Sie also auf dem Boden der DDR verhört?"

Schweigen.

Das waren Augenblicke, in denen die Bundesanwälte verlegen und maliziös lächelnd in ihren Akten blätterten.

Jede Zeugenaussage beendete der Vorsitzende mit dem Hinweis: Sie erhalten jetzt eine Kassenanweisung, und der Wachtmeister zeigt Ihnen dann, was Sie damit machen sollen. Ich wünsche Ihnen eine gute Heimkehr. Und an irgendeinem dieser Tage rief dann Wachtmeister Schmitz der Einfachheit halber einem solchen Zeugen nach: "Sie wissen doch schon, wo es hier das Geld gibt."

Aber so richtig lustig war auch das nicht.

Sieht man von dem Rummel ab, der entstand, wenn Zeugen wie Guillaume, Kuron, Porst oder "Topas" von der NATO vorgeladen worden waren, gab es auch bei vielen anderen Zeugen - nicht zuletzt bei den "Quellen" - Bemerkenswertes zu notieren.

Günter Guillaume gab sich selbstsicher und wollte dem Gericht die eigene Sicht bieten. Er genoß seinen Auftritt, liebte es zu ironisieren und nahm nichts zurück. Die Sache geriet allerdings zur Kabarettszene, als er dem Vorsitzenden Richter sein Buch mit einer freundlichen Empfehlung auf den Tisch legte. Dafür wurde er angeschnaubt: die Witze mache ich hier selber. Der eitle Wagner mag es nicht, wenn ihm die Schau gestohlen wird.

Hanns Heinz Porst - ehemals Fotoladenkettenbesitzer - legte Wert auf die Aussage, er habe politische Gespräche gesucht und geführt, keine Informationen zu bieten gehabt. So enthüllte dieser Prozeß am Rande noch einmal: die Verurteilung von Porst gehört zu den Ungeheuerlichkeiten des politischen Strafrechts und ist nur aus einer Atmosphäre heraus zu erklären, in der selbst ein Gespräch zum Landesverrat gemacht wurde.

Eine Frau begründete ihr Engagement für die DDR mit ihren Empfindungen, die sie bei den Enthüllungen über Auschwitz befielen. Da habe sie gemeint, etwas tun zu müssen für den Staat, von dem sie annahm, er werde verhindern, daß sich so etwas wiederholt. Und gerade sie, die nach so vielen Jahren noch in diesem Prozeß darüber sehr emotional sprach, wurde von Bundesanwalt Lampe kalt belehrt, dies sei unglaubhaft, schließlich habe es auch den 17. Juni und den Mauerbau gegeben... Tausend Juden gegen eine Mauerplatte oder Zehntausend vielleicht oder wie? Die Frau und auch viele Zuhörer waren fassungslos. Aber von dieser besonderen Sicht der Bundesanwälte und von ihrer bodenlosen Ignoranz wird noch weiter die Rede sein.

Mitunter machte diese Ignoranz der Bundesanwälte fassungslos. Um Himmels willen, sagte man sich, diese Leute wollen Menschen dieser Zeit beurteilen, reden von geschichtlichen Zusammenhängen und nehmen Zusammenhänge selbst überhaupt nicht wahr oder nur in ihrer dumpfen Weise.

Eines von vielen Beispielen dafür: ein Zeuge antwortete auf eine entsprechende Frage, er habe sich 1963 entschieden, der DDR Nachrichten zu übermitteln.

"1963", gab sich Bundesanwalt Lampe erstaunt, "aber da ging doch der Kalte Krieg zu Ende!"

1963 hatte im Frühjahr der damalige polnische Außenminister Rapacki in der UNO seinen Plan einer atomwaffenfreien Zone in Mitteleuropa vorgelegt. Und am Ende dieses Jahres wurde der Plan des damaligen Generalinspekteurs der Bundeswehr Trettner bekannt, an der Grenze zur DDR Atomminen zu verlegen. Danach kamen die Notstandsgesetze, wurden Schritte zu den Ostverträgen von der revanchistischen Bewegung "Widerstand" begleitet, rückten Neonazis in Länderparlamente der Bundesrepublik ein und und und...

Und da darf ein Deutscher, der über Informationen aus Entscheidungszentren des einen deutschen Staates verfügt, nicht auf die Idee kommen, den anderen deutschen Staat, der den Rapacki-Plan unterstützte, aufmerksam zu machen, was wirklich läuft? Und da darf der Leiter der Hauptverwaltung

Aufklärung nicht Interesse bekunden, wie die politischen und auch militärischen Pläne des Gegenübers aussehen, wie sich die divergierenden Kräfte im anderen Land entwickeln? Das "Eintrittsjahr" dieses Kundschafters legitimiert doch geradezu die Tätigkeit des Angeklagten Markus Wolf.

Im übrigen wurde selbst ein auch nur gering entwickelter Sinn für Ironie angestachelt, wenn Richter und Ankläger die Zeugen mehrfach darüber aufklärten, daß das Militärbündnis des Westens und auch das Waffensystem SDI schließlich rein defensiv gewesen seien. Unterstellt man - was schwer fällt -, daß das so war, dann wäre die Tätigkeit der "Quellen" und auch die des Markus Wolf für die damalige Bundesrepublik Deutschland ja geradezu segensreich gewesen, hätte sie doch dazu beigetragen, einer mißtrauischen Staatsführung der DDR, die das ganz anders sah und entsprechend reagierte, diese Wahrheit zu "verraten". Was könnte man daran verwerflich oder gar "strafwürdig" finden?

Nehmen wir noch ein Beispiel für die Verfassung der Ankläger und Urteiler in diesem Prozeß. Da stand eine Frau im Zeugenstand, bereits verurteilt zu einer Gefängnisstrafe, die vom Richter und der Bundesanwaltschaft um jeden Preis gegen Markus Wolf in Stellung gebracht werden sollte. Sie hatte aus der Untersuchungshaft einen bitteren Brief an Markus Wolf geschrieben, ihn um Hilfe gebeten und sich beklagt, weil sie sich von ihm im Stich gelassen fühlte. Die Kläger verbissen sich, gnadenlos wurde sie immer wieder mit Zitaten aus ihrem Brief bedrängt.

Sie wehrte sich mit dem Hinweis, sie sei damals isoliert gewesen, völlig verzweifelt. Nein, zu diesem Brief stehe sie heute nicht mehr. Sie sehe das heute anders. Sie mußte das mehrfach wiederholen, bevor sie der Richter und der Bundesanwalt sichtlich enttäuscht losließen.

Es waren auch Menschen unter diesen Zeugen - Frauen zumal - , die heute unter ihrer Tätigkeit leiden, auch solche, die nicht immer mit feinen Methoden zur Mitarbeit gedrängt worden sind. Das war quälend.

Aber die meisten der Zeugen - sowohl aus dem Osten wie aus dem Westen - beriefen sich auf ihre Überzeugung, auf ihre damalige Sicht, für den Frieden "kontrollieren" zu wollen, wie es eine Zeugin formulierte, hinzusehen, was geschieht, und ihr Wissen aus Sicherheitsgründen weitergegeben zu haben.

An dieser Stelle wäre auch noch einzufügen, daß der "Fall" Porst und andere dieser Art kurz nach dem Prozeß eine atemberaubende Aktualität bekommen haben.

Wenn Porst Gespräche suchte, um zur Verständigung beizutragen, kann man das illusorisch oder gar naiv nennen, man kann die Wirkung bezweifeln, aber er handelte eben so, weil er es für richtig hielt. Es wirft die Frage auf: und wie sind denn dann die Bemühungen von Fritz Schäffer aus der CSU, von Erich Mende aus der FDP, von Egon Bahr aus der SPD zu beurteilen? Wie die von Johannes Rau oder die von Herbert Wehner? Es ist hier nicht der Platz, das alles einzuordnen oder gar zu untersuchen, welcher Erfolg ihnen beschieden war. Darüber weiß man inzwischen einiges.

Aber klar wird am Beginn des Jahres 1994: die Ignoranz, die den Prozeß gegen Markus Wolf bestimmte, ist zur Tagespolitik der reaktionärsten Kräfte in der Bundesrepublik geworden!

Wie mit dem Prozeß gegen Markus Wolf - der übrigens damals Gesprächspartner war, der an den Versuchen, im Kalten Krieg auch auf diese Weise Politik zu machen, beteiligt war - wie also mit diesem Prozeß eine geschichtliche Epoche getroffen, diskriminiert, ausgelöscht werden sollte, so geht es heute in den "Fällen" Brandt, Wehner, Bahr, Rau und den vielen anderen letztlich um das gleiche, wenn auch mit anderen, den heutigen Mitteln. Und es geht in der tiefsten Krise des kapitalistischen Systems um die Zementierung der Restauration.

Einer der vielen Anklagepunkte, die den Angeklagten belasten sollten, war die "Desinformation". Sollte heißen: von seiner Hauptverwaltung aus ist die Bundesrepublik Deutschland in ein schlechtes Licht gerückt worden.

Welch ein Thema! Die politisch und vor allem auch personell mitunter doch recht umstrittenen Anfangsjahre der Bundesrepubik (mit Fortsetzungen bis zum heutigen Tag) waren nur eine Erfindung der Stasi!

Eines der Paradebeispiele der Bundesanwaltschaft: Der Fall Lübke.

Dieser unsägliche Bundespräsident hatte eine durchaus ernste Vergangenheit, die ihn in die Nähe nazistischer Verbrechen rückte. Er war - dies nur zur Erinnerung - stellvertretender Leiter der "Baugruppe Schlempp", die Produktionsstätten für die V-Waffen errichtete. Und als Produktionsstätten dieser Art im Laufe des Krieges verlagert wurden, kamen sie in die Nähe einer Außenstelle des KZ Buchenwald, und KZ-Häftlinge wurden zur Sklavenarbeit in eben diesen Produktionsstätten gezwungen. Heinrich Lübke hatte dafür geplant, projektiert, gebaut.

Von der DDR-Agitation, so auch in einem "Braunbuch", wurde er deshalb "KZ-Baumeister" genannt. Inwieweit dies eine Übertreibung im Rahmen des kalten Krieges war und inwieweit er - auch eine Behauptung von damals - selbst KZ-Häftlinge angefordert hatte, sei heute dahingestellt. Es ist schon nicht mehr wichtig. Für viele Bürger der alten Bundesrepublik reichte damals seine "normale" Dienstbarkeit in dieser Art Bauwesen, um ihn als höchsten Repräsentanten des Landes für unerträglich zu halten.

Die DDR-Materialsammler hatten damals - und das soll eben in der "Desinformation" geschehen sein (Abteilung 10 "Aktive Maßnahmen" der HVA) - mit einem Namenszug des Lübke manipuliert. d. h. ihn so plaziert, daß er auf dem Deckblatt einer Bauzeichnung besser zu lesen war, "überzeugender" wirkte. Das war natürlich eine Eselei. Als wäre "Lübke pur" nicht ausreichend gewesen!

Darauf jedenfalls ritt die Bundesanwaltschaft herum. Nach dem Motto: alles ganz sauber, nur die Stasi war schmutzig.

Die Sache ging während des Prozesses in der Öffentlichkeit noch weiter: am 15. September 1993 sendete der MDR, dieser peinliche CSU-Sender aus Sachsen, das Filmchen "Auftrag: Falsches Spiel/Desinformation als Instrument der Stasi". Ein Herr Bohnsack, offensichtlich ein Wichtigtuer aus dieser Abteilung 10, erzählte zur "Fleckenbeseitigung" die Geschichte mit Lübke.

Die Geschichte mit Oberländer wurde - um ganze Arbeit zu leisten - so hinzugefügt, als habe dieser Bundesminister nie am Naziputsch 1923 in München teilgenommen, als sei er nie NSDAP-Mitglied gewesen, nie einer der Führer der berüchtigten Einheit "Nachtigall", einer Einheit ukrainischer Banditen in der Nazi-Wehrmacht, die sich mit Morden an jüdischen Menschen hervortat. Alles Erfindung der Stasi!

Dann die Geschichte mit Kiesinger, der es bis zum Bundeskanzler bringen konnte, obwohl er NSDAP-Mitglied war, eingespannt in die rundfunkpolitische Szene der Nazis. Eine Erfindung der Stasi!

Das Filmchen des MDR wurde im Sog des Wolf-Prozesses abgespult, obwohl es mit dem Prozeß überhaupt nichts zu tun hatte. Markus Wolf ging zu Beginn des Films ins Gerichtsgebäude hinein, am Ende des Films kam er wieder heraus. Das war alles, sollte aber bedeuten: das ist eine Dokumentation, die mit diesem Prozeß zusammenhängt. In Wirklichkeit wurde nur die Tageskonjunktur genutzt, ein "Anliegen" westdeutscher Saubermänner zu erfüllen und peinliche Flecken bei dieser Gelegenheit zu tilgen.

Fast überflüssig zu betonen: diese Flecken waren CDU/CSU-eigen, hausgemacht.

Das aber wirft eine ganz andere Frage auf: wie wäre es denn gewesen, wenn westdeutsche Behörden, etwa ein Verfassungsschutz oder seine diversen Vorgänger, oder eine Behörde wie die heutige Bundesanwaltschaft, von sich aus auf Lübke, Oberländer, Kiesinger, Filbinger, Seebohm und und und aufmerksam gemacht hätten? Die Westdeutschen hätten "hygienischer" gelebt in all den Jahren!

Doch das war nie Sache dieser Ämter, sie waren längst gen Osten programmiert und damit ausgelastet.

Wie segensreich also - nur als Fortsetzung dieses Gedankens - hätte dann die Arbeit einer Abteilung des Nachbar-Geheimdienstes genutzt werden können, der mit solcherlei "aktiven Maßnahmen" Hilfe bot zur Sauberkeit, hätte man sie denn nur gewollt?

Natürlich betrieb die Staatssicherheit der DDR ihre Nachforschungen aus eigennützigen Gründen, versteht sich, aber hätten wir Westdeutschen ihr nicht ein Schnippchen schlagen, sie einfach nutzen sollen? Auch aus höchst eigennützigen Gründen, Gründen der eigenen "Hygiene"? Das hätte doch die Stasi verdrießen müssen!

Wie auch immer: die Versuche, im Keller des Düsseldorfer Oberlandesgerichts und des Mitteldeutschen Rundfunks, jetzt "Fleckenbeseitigung" zu betreiben, waren schlicht kläglich. Und Wert oder Unwert des Wolf-Verfahrens werden daran deutlich, daß die Bundesanwaltschaft den "Fall Lübke" noch im Schlußplädoyer wieder auftauchen ließ. Es unterstrich nur, wie schwachbrüstig die "Beweise" gegen den Angeklagten Wolf waren.

Es kam hinzu, daß die Herren Lampe und Siegmund und Richter Wagner monatelang Anstand demonstrieren mußten - gegen die Unanständigkeit der Staatssicherheit, speziell des Markus Wolf.

Das Trio prägte sich ein. Richter Wagner, an der Pensionsgrenze und vielleicht auf dem Wege, in Wurzen oder Prenzlau noch Gerichtspräsident zu werden, gefiel sich dabei jovial, schaute ständig fragend zur Obrigkeit, wurde aber sofort aggressiv, wenn die Verteidiger das Anklagegerüst ins Wanken brachten. Oberstaatsanwalt Siegmund, ein jüngerer Mann mit scharfer Stimme, meist gebückt über seinen Notizen, ständig so eifrig schreibend, daß man ahnte, dieser Mann kritzelt sich nach oben. Und schließlich Bundesanwalt Lampe, der den Chef im Ring spielte und sich ein Überlegenheitslächeln hatte ins Gesicht frieren lassen. Damit demonstrierte er aber nur die Gelassenheit eines an einem Coup Beteiligten, der genau weiß, daß alles in seinem Sinne läuft. Nur wenn dieser Coup irgendwann doch einmal gefährdet schien, schwand selbst das Eislächeln, und seine Stimme erreichte die Schärfe einer Rasierklinge. Alle drei spielten sie eine abgestimmte Rolle. Vor allem dann, wenn sie mit einem Ehrlichkeitsbibber in der Stimme zu salbadern begannen und Abscheu vor dem Zwangsregime spielten. Das war einstudiert und hielt monatelang!

Aber auch da fiel einiges auf.

Die Bundesanwaltschaft lehnte hurtig und entschieden ab, Außenminister Kinkel zum Fall Guillaume zu hören. Später kam er dann doch noch, aber zunächst demonstrierte man strikte Ablehnung. Das war durchaus verständlich, denn es war für das Trio unvorstellbar, daß in dieser Zeit vor ihrem Gericht über den westdeutschen Geheimdienst und den Rechtsstaat gesprochen werden sollte und das auch noch im Vergleich zu den Untaten der Staatssicherheit und der Schuld von Markus Wolf.

Es war das die Zeit, da dem Bundesanwalt Lampe gerade sein Generalbundesanwalt abhanden gekommen war, weil die Rechtsstaatlichkeit in Bad Kleinen, einer Bahnstation irgendwo in Mecklenburg, arge Sprünge bekommen hatte.

In dieser Zeit opferte sich aus dem gleichen Grunde ein Innenminister Seiters, um seinen angeschlagenen Bundeskanzler zu retten.

Und in Bonn wackelte auch der Stuhl einer Justizministerin, und der Chef des Bundeskriminalamtes war im Gerede.

Und nun auch noch Kinkel vor den Schranken des Gerichts! Man spürte förmlich die Last, die der Bundesanwalt Lampe zu tragen hatte und wie er seinen kleinen Beitrag leisten wollte, die Seilschaft zusammenzuhalten.

Weiter ging's mit Peinlichkeiten für das Hohe Gericht: als die Verteidigung ansetzte, nach der bundesdeutschen Geheimdiensttätigkeit in Spanien zu fragen, wurde man nervös. Nein, hieß es, über "dienstliche Obliegenheiten" könnten keine Auskünfte verlangt oder gegeben werden. Schade, es wäre interessant gewesen, Details über die Bespitzelung von "Partnern" zu erfahren.

Oder hätte man Kinkel, der ja einmal dem Bundesnachrichtendienst vorstand, nicht auch nach seiner Rolle bei der Ausbildung irakischer Geheimdienstler beim BND, über die Zusammenarbeit

BND - irakischer Geheimdienst fragen können? Immerhin stellte sich in der Zeit des Prozesses heraus, daß dieser Geheimdienst so gefährlich war, daß die US-Armee Bagdad mit Raketen beschoß, um ihn auszuschalten, und dabei Frauen und Kinder ermordete. Man hätte vielleicht nur Kinkel konsultieren müssen...

Nun ist der Prozeß vorbei. Schade! Man hätte Kinkel oder einen anderen Verantwortlichen aus der Clique auch noch fragen können, seit wann der Bundesnachrichtendienst in die Industriespionage eingestiegen ist, wie er sie, was jüngst aufgedeckt wurde, in den USA betreibt?

Auch mit welchem Recht? Denn ich habe noch im Ohr, wie Bundesanwalt Lampe den Unterschied zwischen der Staatssicherheit der DDR und dem Bundesnachrichtendienst der alten BRD erläuterte: der BND ist eine demokratische Institution, vom freigewählten Parlament kontrolliert, die Stasi hingegen, also bitte...

Nun hätte es sicher nicht geschadet, die Staatssicherheit der DDR parlamentarisch zu kontrollieren, im Gegenteil, es wäre, meine ich, sogar notwendig gewesen.

Aber der Bundesnachrichtendienst? Als herauskam, daß er in den USA und in anderen Ländern für die hiesigen Privatkonzerne Industriespionage betreibt, zeigte sich der FDP-Bundestagsabgeordnete Burkhard Hirsch im Fernsehen empört. Er sei Mitglied des parlamentarischen Kontrollgremiums, das die Geheimdienste überwachen soll, aber er habe zu diesen Umtrieben nie ein Papier in die Hände bekommen, nie davon gehört...

Es ist nicht damit getan, zu sagen, daß beide "stinken". Das wäre zu einfach. Aber immerhin werfen solche Begebenheiten doch ein Licht darauf, welchen Siegern die Menschen der ehemaligen DDR auch auf diesem Gebiete gegenüberstehen.

Die Person des Angeklagten, der Stoff, der zu verhandeln war, die Motive der Kundschaftertätigkeit, dazu die Nachkriegsgeschichte der Bundesrepublik Deutschland und schließlich aktuelle Vorgänge - dies alles ließ im Prozeß immer wieder Erinnerungen an den deutschen Faschismus und seine Auswirkungen auf Nachkriegsdeutschland aufkommen. Zeugen begründeten damit ihre Arbeit für die DDR, und die Bundesanwaltschaft hielt kalt und ohne Sinn für Geschichte dagegen.

Ausgegraben wurde als "Quelle" ein Mann - er ist inzwischen verstorben - der in der "SS-Leibstandarte Adolf Hitler" gedient hatte. Mit fast fröhlicher Begeisterung wurde der "Fall" von der Bundesanwaltschaft präsentiert: SS-Leute arbeiteten für die Staatssicherheit - da kann man mal sehen!

Die Fakten: der Mann verschaffte Informationen über die Organisation der Waffen-SS in der Bundesrepublik, später fertigte er Analysen hauptsächlich über die FDP-Politik. Noch später wurde er in die DDR "abberufen", dort geehrt. Obwohl der Mann zu Zeiten seines SS-Dienstes mal eben 20 Jahre alt war, muß man seine Verpflichtung im Dienste der DDR nicht toll finden.

Nur: der Mann war in der alten Bundesrepublik im Bundeskanzleramt beschäftigt. Nach einer Überprüfung, in der seine SS-Vergangenheit ruchbar wurde, durfte er dann "nur" noch im Bundespresseamt arbeiten.

Hingegen: ein ehemaliger Mitarbeiter der Hauptabteilung A, der mit geheimdienstlichen Techniken zu tun hatte, wurde gefragt, ob der DDR-Geheimdienst bei seinem Aufbau von den Experten des Reichssicherheitshauptamtes der Nazis habe lernen können. Aber nein, antwortete der Zeuge sichtlich überrascht, diese Leute waren ja alle sofort in den Westen gegangen. Nein, sie selbst hätten von der Roten Armee gelernt, von Technikern der Partisanen, aus der Arbeit der Kommunisten, die in Deutschland illegal gegen die Nazis gekämpft haben.

Da behauptete der Vorsitzende Richter Wagner Verständnis heischend: Nazis habe es wohl überall in diesen Diensten gegeben.

Es ging - derlei Beispiele gab es mehrere - auch, und mir schien zuweilen sogar besonders, darum, Markus Wolf und mit ihm der DDR die antifaschistische Vergangenheit zu demolieren. Wie in allen Bereichen DDR zerstört werden soll, so auch auf diesem, dem politischen, moralischen und ethischen Feld des Antifaschismus.

Und darin übten sich Leute eines Systems, das einen Nazigeneral wie Reinhard Gehlen mit seinen antikommunistischen Erfahrungen aus dem Vernichtungskrieg gegen die Sowjetunion nutzte, um den eigenen Geheimdienst nach 1945 wieder aufzubauen. Überwiegend mit Leuten, die geschult und trainiert worden waren wie Gehlen, also Gestapo- und SS-Gangster, die - so eine der Zeugenaussagen - im Verfassungsschutz in vielen Ebenen tätig waren, auch übrigens mit dem Abhören von Telefongesprächen.

Eines Tages - um eine Randbegebenheit hinzuzufügen, kam auch ein alter Düsseldorfer Kommunist in den Prozeßkeller. Er setzte sich auf die Seite des Sälchens, auf der an jedem Tage die "Profis" saßen, die Unauffälligen vom Bundeskriminalamt, vom Bundesnachrichtendienst, vom Verfassungsschutz. Wir kannten sie schon und mieden sie. Fritz kannte sie nicht, hielt sie für Besucher, wie er selbst einer war. In einer Verhandlungspause sprach er mit einem, der neben ihm saß.

Fritz ist schwerhörig. Also tönte das Gespräch durch den ganzen Saal. Er habe als Kommunist auch gesessen, erzählte er seinem Nachbarn, der sich nach Dienstorder "unauffällig" zu verhalten hatte und deshalb weder energisch widersprechen noch gehen konnte.

Von Nazirichtern sei er damals verurteilt worden, teilte Fritz mit.

"Wissen Sie", klärte er den Nachbarn, den er wohl für in dieser Hinsicht ahnungslos hielt, auf, "die waren in der Adenauerzeit alle noch im Amt und verurteilten wieder Kommunisten." Der Profi rutschte auf seinem Stuhl verlegen hin und her, begnügte sich mit gemurmelten "Aha" und "Soso". Fritz zeigte quer durch den Saal auf die Herren Lampe und Siegmund von der Bundesanwaltschaft und trompetete: "Die ja nicht mehr, die sind zu jung, aber die sind von den Nazis noch erzogen worden." Der Profi wußte nicht mehr, wohin er blicken sollte.

"Ja", sagte Fritz, bevor Wachtmeister Schmitz zur Ruhe mahnte, weil das Gericht wieder erscheinen wollte, "so ist das!"

Wie sehr Antifaschismus die Ankläger störte, wurde ein letztes Mal im Schlußplädoyer der Bundesanwaltschaft deutlich. Bundesanwalt Lampe beklagte die nach seiner Meinung irrige Darstellung des Verfahrens in der Öffentlichkeit, die in Feststellungen gipfele wie: "Der Antifaschist Markus Wolf als Opfer einer Justiz der Kalten Krieger." Interessant war daran nur, daß ein Bundesanwalt sich in der Regel nicht mit Pressezitaten befaßt, sondern mit Gesetzen. Es war jedoch ein Hinweis darauf, wie sehr ihn solche Feststellungen getroffen hatten.

An anderer Stelle bemängelte er, daß Kundschafter-Tätigkeit mit "Gerede über vermeintliche Faschisten und Revanchisten beschönigt" worden sei.

Aber nach all dem hielt er es für unumgänglich zu erwähnen, "daß der Angeklagte ein Opfer des Hitlerfaschismus ist. Es ist ihm zugute zu halten, daß er beim Aufbau der DDR - auch beim Aufbau ihres

Auslandsnachrichtendienstes - nach Kriegsende in den ersten 50er Jahren von dem Willen beherrscht war, am Aufbau eines Staates mitzuwirken, der ein Garant gegen die Wiederholung der schrecklichen Dinge aus der Nazizeit sein sollte."

Dies hätte natürlich den Argumenten der Verteidigung entgegenkommen können, deshalb "ergänzte" er diese Feststellung mit dem Hinweis, die DDR habe "sich zu einem Staat entwickelt, der die Rechte anderer in gleicher Weise wie die Nazis mit Füßen trat".

So ist dieser Herr Lampe! Seine Aufrechnung von Auschwitz gegen den Bau der Mauer hatte ich schon erwähnt. Das war kein Ausrutscher im Eifer eines Redegefechtes. In stiller Amtsstube, bei der Erarbeitung seines gründlichen Plädoyers, hatte er das in aller Ruhe und überlegt schriftlich formuliert und damit auch bekannt: er hat keinen Respekt vor Millionen Toten, ihn rührt nichts an, wenn von Auschwitz, Birkenau die Rede ist, der Gestank der Krematorien hat ihn nie erreicht, selbst die toten deutschen Frauen und Kinder, die Millionen Kriegsopfer von Nordafrika bis zum Nordkap - all das Grauen vergleicht er in seinem antikommunistischen Haß mit dem "Fall Biermann", den er in diesem Zusammenhang ausdrücklich zitiert, und fragt, wie Markus Wolf sich denn da verhalten habe?

Zu diesem Thema gehört dann auch noch das: als am letzten Tage dieses Prozesses, in der Mittagsstunde des 6. Dezember 1993, alles vorbei war - das Foyer des Oberlandesgericht war gedrängt voll von diskutierenden und wartenden Menschen, vor dem Gebäude standen Kommunisten, Mitglieder der PDS, Antifaschisten mit Transparenten und Fahnen - als das alles so war, sah ich die Herren Lampe und Siegmund in schlichtem Zivil, ohne ihre Talare, aus dem Hause gehen - zu ihrem Schutze begleitet von zwei Polizisten.

Draußen drängten sie sich durch die Freunde und Demonstranten - und keiner hat sie erkannt, niemand hat sie beachtet, keiner wollte etwas von ihnen.

Das war eigentlich nicht schlecht.

Vom ständigen Bemühen, die starken Argumente gegen die Rechtmäßigkeit dieses Prozesses zu entkräften, und wenn das nicht ging, sie zu negieren, war schon die Rede. Den Bundesanwälten machte die Frage nach der Rechtmäßigkeit des Prozesses und der antifaschistischen Vergangenheit des Angeklagten sichtlich zu schaffen. Sie schlugen sich auch - schon von mir erwähnt - mit der Wirkung in der Öffentlichkeit herum. Es entging ihnen nicht, daß Markus Wolf, wie das so heißt, eine gute Presse hatte.

Das machte den Bundesanwalt Lampe zunehmend mißvergnügt. Er räsonierte, daß der Angeklagte "mit griffigen und deshalb mediengerechten Formulierungen" die Legitimation der Bundesrepublik für seine Strafverfolgung bestreite. So zitierte er als Beispiel die Frage von Markus Wolf: "Welches Land soll ich verraten haben?"

Außerdem, maulte der Herr in lila, werde der Bundesanwaltschaft vorgeworfen, Markus Wolf "kreuzritterartig" zu verfolgen. Und schließlich, sozusagen zusammenfassend: "Diese Verteidigungstaktik hat in Teilen der Medien durchaus Erfolg gezeigt."

Eigentlich hätte den Bundesanwalt die Reaktion der Medien gar nicht interessieren müssen. War es sein schlechtes Gewissen, das ihn bewog, jeden Kommentar zu studieren, oder war es Enttäuschung, plötzlich feststellen zu müssen, daß kaum jemand bereit war, ihn zu einem "Retter des Abendlandes" zu ernennen? Medien tun in der Regel, was ihnen geheißen wird, aber Medienbosse zählen ihre Umsätze nicht im Vakuum. Man muß der öffentlichen Meinung Rechnung tragen, und wenn es nur darum geht, dem Konkurrenten das Geschäft zu überlassen. Insofern gab die Reaktion der Medien nicht nur Herrn Lampe zu denken.

Da er nun schon mal das Stichwort "kreuzritterartig" lieferte, drängt sich der Vergleich zu Lessings "Nathan der Weise" auf. Dreimal läßt der Dichter den Patriarchen von Jerusalem humane Bedenken mit den Worten aus dem Weg räumen: "Tut nichts, der Jude wird verbrannt!" So seine Reaktion auf die Bemühungen des Tempelherren, menschliche Argumente für Nathan ins Feld zu führen. Der Patriarch bleibt stur: "Tut nichts, der Jude wird verbrannt."

Nun ist Markus Wolf nicht Nathan, wie Herr Lampe nicht der Patriarch ist, noch nicht einmal einer von Karlsruhe - aber die Methode, nach der das Oberlandesgericht in Düsseldorf verfuhr, charakterisierte Lessing präzise. Es scheint eine durch Jahrhunderte aktuell bleibende Methode zu sein, Argumente zu mißachten, notfalls durch ein klein wenig Manipulation: es ist nicht zu zählen, wie oft die Verteidiger Römmig und Schwenn moniert haben, daß ihnen große Teile von Vernehmungsprotokollen, die die Bundesanwälte selbstverständlich parat hatten, vorenthalten worden waren. Dies war mitunter so grotesk, daß Verteidiger Schwenn in den Bruchstücken von Protokollen Verweise auf andere Seiten verlas und bekannte, daß diese Seiten der Verteidigung nicht zur Verfügung standen. Die Bundesanwaltschaft fand das unerheblich, der Vorsitzende Richter schloß sich dem natürlich an. Der Prozeß ging weiter, solche Nichtigkeiten ignorierend.

Die Anträge der Verteidigung wurden - bis auf ganz seltene Ausnahmen - allesamt abgelehnt, die Beweisanträge der Bundesanwaltschaft hatten solch Schicksal nie zu befürchten. Die Verteidiger in einer Erklärung dazu: "Diese Haltung des Strafsenats hat die Sitzungsvertreter des Generalbundesanwalts ermuntert, in ihrem Schlußvortrag auch in der Beweisaufnahme widerlegte, ins Blaue hinein aufgestellte Behauptungen für erwiesen zu halten..."

Die Verteidiger hatten aufgelistet, daß die Anträge zurückgewiesen worden waren:

- das von der HVA gesammelte, die Dienste der alten Bundesrepublik betreffende, vom Generalbundesanwalt gesichtete Material zugänglich zu machen, um der Behauptung der "Andersartigkeit" der HVA entgegentreten zu können,

- der Verteidigung Einsicht in alle Niederschriften früherer Vernehmungen der vom Generalbundesanwalt benannten Zeugen zu gewähren,

- das Verhalten westlicher Dienste im Berlin der frühen fünfziger Jahre am Beispiel eines Entführungsfalles aus dieser Zeit aufzuklären,

- einen BND-Agenten zu dessen "Romeo"-Einsatz gegen ein Wirtschaftsunternehmen in den USA und seinen Folgen - Selbsttötungsversuch der verstrickten Sekretärin - zu vernehmen,

- den Zeugen Dr. Kinkel auch zur Rolle des ehemals von ihm geleiteten BND und hier insbesondere zu dessen gesetzwidriger Inlandsaufklärung, seinem Interesse an NATO-Staaten und der Versorgung des Irak mit Erkenntnissen über irakische Oppositionelle in der Bundesrepublik und deren im Irak lebende Angehörige durch den BND zu befragen sowie

- die Zeugen Dr. Schäuble und de Maiziére zu der unzutreffenden Vermutung des 3. Strafsenats des Bundesgerichtshofs zu vernehmen, die DDR habe den Angehörigen der HVA den Schutz vor Strafverfolgung selbst entzogen.

Diese Aufzählung verrät genug darüber, in welcher Art dieser Prozeß abgewickelt worden ist. Und das im Namen höherer Rechtsstaatlichkeit, um die es angeblich gerade in diesem Prozeß ging.

Die Bundesanwälte hatten versucht, das Schweigen des Angeklagten Markus Wolf als unehrenhaft hinzustellen, schlimmer noch, Bundesanwalt Lampe beklagte sich bitter, Markus Wolf habe mitunter Zeitung gelesen: "In einem Fall habe ich beobachten können, daß er sich in einer Fachzeitschrift mit dem sicherlich interessanten Thema der Jagdfasane befaßte."

Der Bundesanwalt war sichtlich verärgert. Ausgerechnet Jagdfasane!

Und so setzte er wütend hinzu: "Das Interesse dieses Staates bei der Aufarbeitung und Bewältigung des von ihm mit angerichteten Schadens ist dem Angeklagten gleichgültig."

Das könnte durchaus so gewesen sein, denn die Art von Bewältigung, wie sie im Keller des Düsseldorfer Gerichts stattfand, konnte nicht die Sache dieses Angeklagten sein.

Was bleibt, ist ein Zitat aus seinem Schlußwort:

"Wir haben geirrt, vieles haben wir falsch gemacht, die Fehler und ihre Ursachen viel zu spät erkannt. Aber ich halte an den Werten fest, mit denen wir die Welt verändern wollten. Es war ein hoher, wahrscheinlich zu hoher Anspruch. Darüber Rechenschaft abzulegen, ist hier nicht der Ort. Den von der Anklage behaupteten 'Landesverrat' habe ich mit Sicherheit nicht begangen. Mein Land habe ich nicht verraten. Ich habe keinen Menschen verraten."

Das Urteil wurde gesprochen: Sechs Jahre Gefängnis, der Haftbefehl bleibt ausgesetzt.

Der Prozeß ist vorüber. Zu Ende ist er nicht, weil das Kapitel Geschichte, dem er zuzuordnen ist, noch nicht zu Ende ist.

Rechtsanwalt Rolf Römmig

Plädoyer

Hoher Senat!

Meine Herren von der Bundesanwaltschaft!

Ein Rückblick auf die Rechtsgeschichte des 20. Jahrhunderts zeigt, daß sich nun zum dritten Mal Strafgerichte in Deutschland mit der nachträglichen Beurteilung niedergegangener politischer Systeme zu befassen und das Vergangene strafrechtlich zu bewerten haben.

1918 ging es um Vorbereitung, Verlauf und Folgen der Novemberrevolution; nach 1945 um die Aufarbeitung des nationalsozialistischen Unrechts und dessen strafrechtliche Ahndung.

Einen weiteren Bewältigungsversuch unternimmt nun eine westdeutsche Justiz, die nach dem Ende der DDR das System und das systemgerechte Handeln im Staatssozialismus einer Überprüfung auf Strafbarkeit nach dem Maßstab heutigen Bundesrechts unterzieht.

Dieser Senat hat alle Möglichkeiten gehabt, die Konflikte und Kontroversen, die mit der Einigung zweier deutscher Staaten einhergingen, im Rahmen einer Beweisaufnahme, die diesen Namen verdient, aufzuzeigen. Der Senat hat diese Chance aber nicht genutzt, offensichtlich, um die Grenzen justizieller Vergangenheitsverarbeitung nicht deutlich werden zu lassen.

Die auch dem Strafprozeß zukommende Aufgabe der Befriedung wurde vertan, stattdessen werden Gräben vertieft, Siegerjustiz macht sich breit.

Ganz sicher ist die ehemalige DDR kein Rechtsstaat im Sinne des Grundgesetzes gewesen, trotzdem muß den früheren DDR-Bürgern wegen des Vertrauens in die Positivität und Geltung des dort gesetzten Rechts ein entsprechender Vertrauensschutz zugebilligt werden; das insbesondere auch deshalb, weil die DDR international als Staat politisch und völkerrechtlich Anerkennung gefunden hatte.

Bei der nunmehr gewählten Form der Bewältigung der DDR-Vergangenheit droht erneut ein Versagen der Strafjustiz.

In der Folge der Novemberrevolution 1918 versagte sie, weil sie mit Milde gegenüber rechtsnationalistischen Staatsfeinden reagierte und mit unnachgiebiger Härte gegen linke Staatskritiker vorging. Das zweite Versagen der deutschen Justiz erfolgte in der Zeit des nationalsozialistischen Unrechtsregimes. Ohne spürbaren Widerstand zu leisten wurde offensichtliches nationalsozialistisches Unrecht auch justiziell durchgesetzt. Die dritte Fehlleistung ist in der weitgehend fehlgeschlagenen Ahndung der unter nationalsozialistischer Herrschaft begangenen Verbrechen zu sehen, strafrechtlich einer justiziellen Verweigerung nahekommend.

Unvergleichlich entschlossener zeigt sich nach dem Eindruck der Hauptverhandlung dieser Senat im Fall Wolf. Die deutsche Justiz war seit jeher unnachsichtig im Umgang mit Kommunisten und Linken. In der Weimarer Republik hatten insbesondere die Vorschriften über den Landesverrat eine große Bedeutung und wurden speziell eingesetzt, um den politischen Gegner zu diffamieren und damit Enthüllungen über rechtswidrige Aufrüstungsmaßnahmen zu kriminalisieren.

Auch in der Bundesrepublik wurde als Teil der politischen Auseinandersetzung mit Kommunisten das Instrumentarium der Landesverratsdelikte genutzt.

Als Auffangtatbestand wurde § 100e STGB (landesverräterischer Nachrichtendienst) geschaffen. Bestraft wurde, wer Beziehungen zu einer Stelle außerhalb des Geltungsbereiches des Grundgesetzes aufnahm, die auf die Mitteilung von Staatsgeheimnissen oder friedensstörende Handlungen ausgerichtet waren.

Die Anforderungen an die Mitwirkung des Täters waren nur gering. Es reichte bereits aus, daß "es nur dem Beziehungspartner auf die Erlangung solcher Geheimnisse ankommt und der Täter dies erkennt" (BGHST 6, 333; BGHST 15, 231). Diese Rechtsprechung wurde erst 1963 durch den Bundesgerichtshof eingeschränkt.

Bestraft wurden nicht nur DDR-Agenten, die in der Bundesrepublik Informationen sammelten, sondern auch DDR-Agenten, die herausfinden sollten, ob und welche Spionagemaßnahmen gegen die DDR geplant waren (Spiegel 1963, 25, Seite 24 ff). Selbst die Mitarbeiter der DDR-Nachrichtendienste, die innerhalb der DDR mit der Aufklärung von Spionage gegen die DDR befaßt waren, machten sich nach § 100e Abs. 1 STGB strafbar.

Den Bedingungen des "Kalten Krieges" entsprach auch die Kriminalisierung politischer Kontakte zur DDR; den Kontakt zu erhalten, war nur im privaten Bereich möglich. Wegen der ausufernden Rechtsprechung scheiterte letztlich auch das 1966 diskutierte Projekt eines Redneraustausches zwischen SED und SPD. Das zu diesem Zweck erlassene "Gesetz über befristete Freistellung von der Deutschen Gerichtsbarkeit" vom 29. Juli 1966 (BGB1. I, Seite 453), wurde von der SED folgerichtig zum Anlaß genommen, den Austausch abzusagen.

Wegen verfassungsverräterischer Beziehungen (§100d Abs. 2 STGB) wurden z.B. 1963 in Niedersachsen Ermittlungsverfahren gegen 2 Pastoren eingeleitet, die DDR-Reisen und politische Gespräche in der DDR organisiert hatten (Spiegel 1963,10, Seite 61).

Daß 1954 der Bundesgerichtshof die Rechtsprechung aufgab, jedwede politische Tätigkeit von Kommunisten bereite den Hochverrat vor, soll hier nur am Rande erwähnt werden (Hochverrat und Staatsgefährdung, Urteile des Bundesgerichtshofes, herausgegeben von W. Wagner S. 19 ff.) und ebenso der Umstand, daß die kommunistischen Funktionäre Reichel und Beyer am 6. Mai 1954 vom Bundesgerichtshof wegen Hochverrats zu drei bzw. eineinhalb Jahren Gefängnis verurteilt worden sind, weil sie das "Programm der nationalen Wiedervereinigung Deutschlands" in voller Kenntnis seines Inhalts verbreitet und dafür geworben hatten (HuSt I S. 47, 101, 105).

Nun, für die Forderung nach Wiedervereinigung wird heute niemand mehr bestraft. Bestraft werden soll aber Markus Wolf wegen seiner langjährigen Tätigkeit für die Hauptabteilung Aufklärung der DDR, die er leistete, als die DDR noch Bestand hatte.

Nunmehr maßt sich bundesdeutsche Justiz an, anzuklagen und zur Verhandlung zuzulassen, das, was ehemaligen DDR Bürgern erlaubt war zu tun bzw. wozu sie kraft hochzeitlicher Aufgabenzuweisung durch die DDR-Regierung verpflichtet worden waren.

Dieser Senat hat bis zuletzt verweigert, die historischen Bedingungen, die zum Einigungsvertrag geführt haben, zum Gegenstand der Beweisaufnahme zu machen. Dieses Gericht hat in nicht mehr nachvollziehbarer Weise verhindert, die damit verbundenen politischen Vorgänge in das Verfahren mit einzubeziehen und so zu neuen Einsichten und Erkenntnissen zu gelangen.

Spionage ist für jeden Staat nicht per se strafwürdig. Der erfolgreiche Spion, der nicht rechtzeitig
erkannt oder festgenommen wird, kann selbst nach
Kriegsvölkerrecht nicht mehr nachträglich bestraft
werden, wie noch darzustellen ist. Kein Staat kann
daher ernsthaft die Behauptung wagen, Agententätigkeit sei rechtsethisch verwerflich; das gilt auch
für die Agententätigkeit von DDR-Bürgern für die
DDR.

Diese rechtstheoretische Einsicht findet sich in einem Schreiben wieder, welches der letzte Verteidigungsminister der DDR und heutige Bundestagsab-
geordnete Rainer Eppelmann am 8. September
1992 an die Bundesministerin für Justiz, Leutheusser-Schnarrenberger, gerichtet hat.

Auszüge aus diesem Schreiben hat die Verteidigung dem Zeugen Dr. Kinkel bei seiner Einver-
nahme vor diesem Gericht vorgehalten. In Erman-
gelung einer entsprechenden Aussagegenehmigung
konnte er jedoch eine Stellungnahme insoweit nicht
abgeben. Die Verteidigung hält es für notwendig,
dieses Schreiben vom 8. September 1992 dem Senat zur Kenntnis zu geben. Es lautet wie folgt:

Rainer Eppelman
Mitglied des Deutschen Bundestages

Bundesministerin der Justiz
Frau Sabine Leutheusser-Schnarrenberger

Sehr geehrte Frau Ministerin,
liebe Frau Leutheusser-Schnarrenberger
In der Anlage übersende ich die Kopie eines
Schreibens von Herrn Dr. Hartmut Eisenschmidt, zu
deren Beantwortung ich leider erst jetzt komme.
Ich bitte Sie, in Ihrem Hause prüfen zu lassen, un-
ter welchen rechtlichen Gesichtspunkten eine Straf-
verfolgung stattfindet. In Absprache mit dem Bun-

desminister Herrn Dr. *Schäuble* und mit dem Verteidigungsminister Herrn Dr. *Stoltenberg* ist seinerzeit die Militäraufklärung und das Informationszentrum der ehemaligen DDR, der Nationalen Volksarmee, aufgelöst worden. Die Akten sind auf meinen Befehl hin vernichtet worden, um einer strafrechtlichen Verfolgung der Mitarbeiter dieser Behörden entgegenzuwirken.

Es erschien uns seinerzeit absurd, daß diejenigen, die in der Militärabwehr und zum Schutz der Geheimnisse einer Armee arbeiten, wie es in jeder Armee der Welt üblich ist, der Strafverfolgung einer ehemals als feindlich eingestuften Justiz überantwortet werden könnten. Dies erscheint mir auch im nachhinein aus meiner heutigen Sicht durchaus noch ein richtiger Standpunkt zu sein. Ich meine, daß gerade auf die betroffene Gruppe, falls gegen sie wegen geheimdienstlicher Agententätigkeit ermittelt wird, nur unter rückwirkender Anwendung von bundesdeutschen Gesetzen strafrechtlich verfolgt werden kann. Dies widerspräche aber meiner Rechtsauffassung und wie immer wieder betont wurde, wohl auch der der Bundesregierung. Über eine klärende Auskunft wäre ich Ihnen sehr dankbar.

Mit freundlichen Grüßen
Rainer Eppelmann.

Im Verfahren gegen den früheren HVA-Angehörigen Schütt hat der 3. Strafsenat des Bundesgerichtshofes ohne entsprechende Beweisaufnahme des Vorderrichters unter anderem ausgeführt, die DDR habe mit den frei vereinbarten Regelungen des Einigungsvertrages den HVA-Angehörigen den Schutz vor Strafverfahren selbst entzogen.

Daß diese Feststellungen nur wenig mit den wahren Sachverhalten in Übereinstimmung zu bringen sind, war für die Verteidigung mehr als naheliegend.

Um dem vermeintlichen Strafanspruch nicht, und sei es auch nur teilweise, mit bloßen Vermutungen zu begegnen, hat die Verteidigung vor Anbringen eines entsprechenden Beweisantrages den Verhandlungsführer der Bundesrepublik Deutschland, den ehemaligen Innenminister Dr. Schäuble, mit Schreiben vom 7.10.1993 um ein Gespräch gebeten, welches dann am 23.10.1993 geführt wurde.

Mit Schreiben der Verteidigung vom 25.10.1993 wurde der ehemalige Ministerpräsident der DDR Lothar de Maiziére um ein Gespräch gebeten, welches am 28.10.1993 in Berlin stattfand.

Aufgrund der in beiden Gesprächen gewonnenen Erkenntnisse stellte die Verteidigung in der Hauptverhandlung vom 2.11.1993 den Antrag, Dr. Wolfgang Schäuble und Lothar de Maiziére zu laden und als Zeugen zu den Umständen zu vernehmen, die dazu führten, daß im Einigungsvertrag die Angehörigen der Auslandsnachrichtendienste der DDR nicht ausdrücklich vor strafrechtlicher Verfolgung geschützt worden sind .

Mit Beschluß vom 9.11.1993 hat der Senat diesen Beweisantrag mit der nach Auffassung der Verteidigung fehlerhaften Begründung, daß diese Frage für die Entscheidung der Schuld- und Straffrage aus rechtlichen Gründen ohne Bedeutung sei, zurückgewiesen.

Mit der Behandlung dieses Beweisantrags hat der Senat erneut deutlich gemacht, wie wenig ihm an einer gründlichen Aufklärung gelegen ist, insbesondere, wenn sie sich zu Gunsten von Herrn Markus Wolf hätte auswirken können.

Auch die Untergerichte, also auch dieser Senat, schulden die Antwort auf die Frage nach der Verfassungsmäßigkeit der hier geübten Strafverfolgung.

Die Verteidigung kommt in diesem Zusammenhang nicht umhin, die wesentlichen Inhalte der mit Dr. Schäuble und de Maiziére geführten Gespräche hier im Rahmen des Plädoyers mitzuteilen.

In der mit der Verteidigung geführten Unterredung hat Dr. Schäuble im wesentlichen das bestätigt, was er in seinem Buch "Der Vertrag" niedergelegt hat. Im Kapitel "Die Bewältigung der Stasi-Vergangenheit" heißt es u.a. (Seite 268 ff.):

... Wie schwer es aber auf diesem Felde ist, Sachverhalte einigermaßen emotionsfrei zu diskutieren, zeigt das Beispiel der Debatte über eine Amnestie für die aus der DDR gegenüber der Bundesrepublik Deutschland ausgeübte Spionagetätigkeit. Die Sicherheitsbehörden warben frühzeitig um eine solche Straffreiheit für die in der Bundesrepublik tätigen 'Kundschafter' des SED-Spionagedienstes.

...Vor allem aber schien es mir richtig, in dieser Frage Selbstgerechtigkeit zu vermeiden. Aufgrund der Zugehörigkeit zu den beiden weltpolitischen Lagern in Zeiten des Ost-West-Konflikts übten die beiden deutschen Staaten gegeneinander nachrichtendienstliche Tätigkeit aus. (S. 269/ 270).

...Außer jedem Zweifel stand, daß solche Tätigkeit für die Bundesrepublik Deutschland nicht strafbar sein würde. Ich habe es immer als der Logik entsprechend empfunden, daß dann auch die umgekehrte Tätigkeit für die DDR, soweit sie nicht über die reine Informationsbeschaffung hinausging, im vereinten Deutschland nicht mehr strafrechtlich verfolgt werden sollte. Der Justizminister war derselben Auffassung, vielleicht auch deshalb, weil die Strafrechtsexperten darüber nachdachten, unter welchen Voraussetzungen denn im vereinten Deutschland ein Verhalten, das im Rahmen der Ordnung für die frühere DDR ausgeübt worden war, angesichts des Grundsatzes von der gesetzlichen Bestimmtheit der Strafe (nulla poena sine lege) strafrechtlich verfolgt werden konnte.

...Ich habe die Erklärung entgegengenommen und namens des für die DDR-Aufklärung zuständigen Bundesnachrichtendienstes - der mir als Innenminister unterstellte Verfassungsschutz hat ja keine offensiven Aufklärungsaufgaben - mitgeteilt, daß auch die Bundesrepublik ihre nachrichtendienstliche Tätigkeit in der DDR einstelle.

Diestel warb für die Agenten, und ich machte mich gemeinsam mit dem Justizminister an die notwendige Überzeugungsarbeit.

Vor dem Ausschuß 'Deutsche Einheit' des Bundestages habe ich beispielsweise später erklärt: 'Ich kann mir nicht vorstellen, daß wir im vereinten Deutschland die jeweiligen Agenten gegenseitig ins Gefängnis stecken.

Was ich mir auch nicht vorstellen kann, ist, daß wir die Mitarbeiter der DDR ins Gefängnis stecken und das umgekehrt nicht tun.' Es handle sich um 'teilungsbedingte Straftaten, die außer Verfolgung gestellt werden müssen.'(S. 271/272)

...Aus der Amnestie wurde nichts. Die Widerstände in der Bevölkerung in beiden Teilen Deutschlands und auch in den Parlamenten waren zu stark. Das Vorhaben erhielt (nicht von seinen Autoren) den Namen 'Stasi-Amnestie' und damit war eigentlich sein Scheitern schon besiegelt. Nicht zum ersten Mal erlebte ich in der Entwicklung der politischen Diskussion, daß die Einführung eines Kampfbegriffes, der haften bleibt, für die Erfolgschancen eines sachlich begründeten Unternehmens 'tödlich' sein kann.

Mit dem Begriff 'Stasi-Amnestie', den insbesondere der Bonner Oppositionsführer Vogel zu meinem Ärger mit Nachdruck in die politische Diskussion einführte, verbanden vor allem die Menschen in der DDR die Vermutung, es solle nun die ganze

Bespitzelungs- und Unterdrückungstätigkeit des Staatssicherheitsapparates straffrei gestellt werden. Diese Vermutung war für die Menschen schlechthin unerträglich. Es gelang uns, so sehr wir uns auch mühten, nicht, anstelle des Begriffes 'Stasi-Amnestie' eine andere Kurzbezeichnung für das Gesetzesvorhaben im öffentlichen Sprachgebrauch durchzusetzen.

...Schließlich wehrte sich Vogel gegen die Aufnahme eines Straffreiheitsgesetzes für Agenten in den Einigungsvertrag mit dem Argument, daß für dieses Gesetz weder eine Zweidrittel-Mehrheit noch die Zustimmung der Sozialdemokraten im Bundesrat - wo sie die Mehrheit hatten - notwendig sei. Die Bonner Koalition könne ja, wenn sie denn unbedingt wolle, ein solches Gesetz separat mit ihrer Mehrheit im Bundestag verabschieden.

Schweren Herzens mußte ich also das Gesetzesvorhaben aus dem Einigungsvertrag herauslassen, getreu meiner Grundhaltung, den Vertrag von Regelungen freizuhalten, die nicht notwendig im Vertrag geregelt werden mußten und die der jeweils anderen Seite eine Annahme außerordentlich erschwert hätten.

Die Bundesregierung hat dann den Gesetzentwurf des Bundesjustizministers unabhängig vom Einigungsvertrag im Parlament eingebracht. Aber angesichts der nicht zu beseitigenden Mißverständnisse in der öffentlichen Diskussion, daß es sich um eine Generalamnestie für alle staatliche Tätigkeit handeln solle, und mit Blick auf den damit verbundenen heftigen Widerstand in weiten Bereichen der Öffentlichkeit beider Teile Deutschlands schwand die Neigung auch in der Koalition, diesen Gesetzentwurf gegen den Widerstand der Opposition zu verabschieden. Ob der erneute Versuch des Justizministers, in der laufenden Legislaturperiode ein solches Gesetz zustande zu bringen, erfolgreicher sein wird, muß bezweifelt werden.

Das Beispiel der steckengebliebenen Spionage-amnestie soll zeigen, wie vermint das Gelände bei der politischen Aufarbeitung der Vergangenheit ist."

Soweit die Zitate aus dem Buch "Der Vertrag".

Darüber hinaus hat der damalige Bundesminister des Inneren in der 15. Sitzung des "Ausschuß Deutsche Einheit" vom 9. August 1990 u.a. ausgeführt:

Bundesminister Dr. Schäuble, (BMI): Herr Kollege Lintner, die Bundesregierung hat den Vorschlag in die Erörterung mit den Bundesländern im Rahmen der Verhandlungsdelegation eingebracht, eine Amnestieregelung für nachrichtendienstliche Tätigkeit in den Einigungsvertrag mit aufzunehmen. Wir haben darüber mit den Ländern noch kein Einvernehmen erzielt, und zwar im wesentlichen deshalb, weil eine Reihe von Ländern gesagt hat, sie seien nur unter Umständen bereit, dem zuzustimmen - sie haben die sachliche Notwendigkeit nicht bestritten -, aber sie wünschten weitergehende Amnestieregelungen in bezug auf andere Strafta-ten. Dazu habe ich dann den Ländern gesagt, daß ich dazu keine Möglichkeit für die Bundesregierung sehe, dies in den Vertrag aufzunehmen. Ich hoffe, daß die Länder sich in dieser Frage noch bewegen werden, so daß wir uns noch auf eine Straf-freiheitsregelung nur für nachrichtendienstliche Tätigkeit einigen können. Andernfalls müßten wir - jedenfalls ist die Bundesregierung dabei, federführend ist der Bundesjustizminister, die Vorarbeiten sind weit gediehen - einen Gesetzentwurf vorlegen, um dies zu regeln. Ich halte ihn aus meiner Verantwortung für den Verfassungsschutz für dringlich, nicht nur in der Sache, sondern auch vom Zeitlichen her.

Ich habe den Justizminister gedrängt; des Drängens bedurfte es allerdings nicht. Ich möchte das weiterhin haben. Ich werde das nur in den Vertrag aufnehmen, wenn die Länder damit einverstanden sind. Andernfalls muß ich es in Gottes Namen nach meinem eigenen Verhandlungsprinzip, das ich oft genug erläutert habe, draußen lassen. Deswegen steht es in der Ihnen vorliegenden Fassung nicht drin, übrigens ein weiterer Beleg dafür, daß wir unsere Verhandlungsposition mit den Ländern einvernehmlich festgelegt haben."

In der 17. Sitzung des Deutschen Bundestages - "Ausschuß Deutsche Einheit" am 6. September 1990 führte Dr. Schäuble u.a. aus:

"...Beim Amnestiegesetz geht es ausschließlich um die gegen die Bundesrepublik Deutschland gerichtete nachrichtendienstliche Tätigkeit.

In meiner Verantwortung als Innenminister - ich wiederhole das - bin ich dem Justizminister dankbar, daß er diesen Gesetzentwurf vorgelegt und innerhalb der Bundesregierung eingebracht hat, und den Koalitionsfraktionen bin ich dankbar, daß sie ihn im Parlament eingebracht haben, weil ich ein großes Interesse daran habe, daß die von dem Amnestiegesetz betroffenen im Nachrichtendienst Tätigen möglichst rasch Klarheit haben, daß sie mit einer Strafverfolgung nicht rechnen müssen, da ich eine Gefahr für die Sicherheit der künftigen Bundesrepublik Deutschland sähe, wenn solche Agenten nicht diese Gewißheit hätten, sondern in einem Zustand der Ungewißheit für Versuchungen noch anfälliger wären, als sie es möglicherweise ohnedies sind."

Das ist die Darstellung der Sichtweise des ehemaligen Bundesinnenministers und heutigen Vorsitzenden der Bundestagsfraktion der CDU.

Lothar de Maiziére hätte dem Senat darlegen können, daß die DDR-Seite darauf bestanden hat, daß die Auslandsnachrichtendienste der DDR im Einigungsvertrag straffrei gestellt werden sollten und daß dies zunächst auch so umgesetzt wurde.

Eine erwogene Amnestierung der Auslandsnachrichtendienste der DDR durch die DDR sei für ihn nicht in Betracht gekommen, da diese Dienste sich nach den Gesetzen der DDR nicht strafbar gemacht hätten.

Im übrigen sei er der Auffassung gewesen, daß am Rückwirkungsverbot die Strafverfolgung jedenfalls scheitern werde, dieser Auffassung seien auch der damalige parlamentarische Staatssekretär im Bundesjustizministerium Klaus Kinkel, der DDR-Unterhändler Günther Krause und auch Wolfgang Schäuble gewesen; er hätte jedoch auf Klarstellung gedrungen, da letztlich jede Vereinbarung auslegbar sei.

Der Verzicht auf diese Klausel sei ihm nur unter der Bedingung abzuringen gewesen, daß mit der Vereinigung eine Amnestierung der Auslandsnachrichtendienste der dann ehemaligen DDR erfolgen würde.

Hätte der Senat Lothar de Maiziére entsprechend dem Antrag der Verteidigung gehört, so hätte er auch die Hintergründe für den Verzicht auf Aufnahme der Straffreiheitsklausel in den Einigungsvertrag erfahren können.

Der Zeuge de Maiziére hätte deutlich gemacht, daß die Erarbeitung des Einigungsvertrages unter ungeheurem zeitlichen Druck zustande gekommen ist, da die Verhältnisse in der Sowjetunion nicht mehr als sicher einzuschätzen waren und bei möglichen politischen Umwälzungen die Einheit nicht mehr hätte realisiert werden können.

Noch anläßlich der Frühjahrstagung des Warschauer Paktes am 17. 3. 90 in Prag habe ihn der damalige sowjetische Außenminister Schewardnadse beiseite genommen und im Auftrage von Gorbatschow mitgeteilt, die Sowjetunion sei zum 1.

Juni 90 zahlungsunfähig, allein für den Schulden-
dienst müßten 5 Milliarden DM aufgebracht werden, der Staatsbankrott drohe. Angesichts der Un-
sicherheiten in der Sowjetunion rate er den Deutschen an, möglichst zügig die Einheit zu verwirklichen.

Durch Vermittlung von ihm - de Maiziére - sei der
damalige Kanzleramtsminister Teltschik umgehend
nach Moskau gefahren und habe den offenen Be-
trag von 5 Milliarden DM namens der Bundesregierung garantiert.

Damit sei aus seiner, als auch aus Sicht der
Bundesregierung ein kleiner, aber sehr wichtiger
Zeitgewinn, entstanden.

Dennoch sei unter diesen politischen Unwägbar-
keiten den Vertragsparteien klar gewesen, daß aller
Anlaß bestanden habe, die Vertragsverhandlungen
in höchster Eile zu Ende zu führen. Angesichts dieser Prämisse seien er und Dr. Schäuble übereinge-
kommen, alle mit der West-SPD strittigen Punkte
nicht in den Einigungsvertrag aufzunehmen, um die
Einheit nicht zu gefährden, da die Zustimmung zum
Vertrag seitens der SPD erforderlich war.

Bei seinem den Antrag der Verteidigung ablehn-
nenden Beschluß hat der Senat übersehen. daß es
nicht allein auf die Motive der Vertreter der DDR -
keine Aufnahme der Strafbarkeit ehemaliger HVA-
Mitarbeiter in den Einigungsvertrag - ankommt,
sondern vielmehr auch um die Motive des westlichen Vertragspartners. Gerichtsbekannt sollte zumindest sein, daß es den Gesetzentwurf zur Amnestie der DDR-Spionage gab.

Mit Schreiben vom 13. September 1990 hat Bundeskanzler Kohl den Präsidenten des Deutschen
Bundestages gebeten, über den 'von der Bundesregierung beschlossenen Entwurf eines Gesetzes
über Straffreiheit bei Straftaten des Landesverrates
und der Gefährdung der äußeren Sicherheit' die

'Beschlußfassung des Deutschen Bundestages herbeizuführen'.

Die Verteidigung hat am ersten Hauptverhandlungstag beantragt, die Hauptverhandlung bis zur Entscheidung des Bundesverfassungsgerichts über die von ihm dem Kammergericht vorgelegte Frage, ob die Strafverfolgung der Angehörigen der ehemaligen HVA mit dem Grundgesetz vereinbar ist, auszusetzen. Mit dem Kammergericht, bei dem der Generalbundesanwalt wegen gleichartiger Vorwürfe Anklage gegen den Amtsnachfolger des Angeklagten erhoben hat, sieht die Verteidigung des Angeklagten nach wie vor die Strafverfolgung als verfassungswidrig an. Seine Verurteilung würde

1. gegen den Gleichheitssatz des Art. 3 Abs. 1 GG,

2. jedenfalls aber gegen das aus dem Rechtsstaatsprinzip des Art. 20 Abs. 3 GG abgeleitete Prinzip des rechtsstaatlichen Vertrauensschutzes,

3. gegen den Rechtsgedanken des Art. 31 der Haager Landkriegsordnung,

4. gegen den Grundsatz der Wahrung von Treu und Glauben verstoßen.

Mit seinem Eröffnungsbeschluß hat der Senat deutlich gemacht, daß er die Auffassung der Verteidigung vorläufig nicht teilt.

In der Zwischenzeit hat das Kammergericht im Verfahren gegen Kratsch u.a. mit Beschluß vom 27. August 1993 ... das Verfahren nicht eröffnet, sondern vielmehr erneut das Bundesverfassungsgericht angerufen.

Die Verteidigung des Angeklagten Markus Wolf hält unverändert an ihrer Auffassung fest, daß die Strafverfolgung des Angeklagten mit dem Grundgesetz nicht vereinbar ist...

Durch die Ausdehnung des Strafrechts der Bundesrepublik auf das gesamte Deutschland ist die nachrichtendienstliche Tätigkeit, die gegen die ehemalige DDR gerichtet war, vollständig frei von Strafdrohung geworden. Wenn der Beitritt der DDR nicht nach dem Grundgesetz der Bundesrepublik, sondern wie eine normale Vereinigung zweier souveräner Staaten erfolgt wäre, dann würde die Ausdehnung der Strafrechtsnormen des einen Staates auf den anderen mit der Folge, daß nur die Agenten des einen Teils noch strafbar sind, nicht aber die Agenten des anderen, materiell einer Amnestie für die dadurch "begünstigten" Nachrichtendienste gleichkommen.

Für eine verfassungsgemäße Amnestie müssen jedoch bestimmte Mindestanforderungen eingehalten werden.

Zwar verfügt der Gesetzgeber bei der Gewährung einer Amnestie über eine weite Gestaltungsfreiheit. Im vorliegenden Fall ist aber die Grenze des gesetzgeberischen Ermessens überschritten worden.

Ein Verstoß gegen den Gleichheitsgrundsatz liegt nämlich dann vor, wenn, wie hier, die Fälle so gleich sind, daß eine Ungleichbehandlung mit einer am Gerechtigkeitsgedanken orientierten Betrachtungsweise unverträglich erscheint..., wenn für die Differenzierung keine sachlich einleuchtenden Gründe erkennbar sind... Wie schon dargelegt, sind die Spionage betreffenden Straftatbestände in der ehemaligen DDR mit den Tatbeständen des Strafgesetzbuches der Bundesrepublik Deutschland als gleich anzusehen. Die den Normen zugrundeliegenden, zu schützenden Rechtsgüter sind gleich. Deshalb können diese Strafvorschriften nicht unterschiedlich angewendet werden.

Das Bundesverfassungsgericht hat in einer Entscheidung zu einer Amnestieregelung darauf hingewiesen, daß die Strafbarkeit bzw. Nichtstrafbarkeit sich auf den gleichen Kreis der geschützten Rechtsgüter beziehen muß... Eine Differenzierung danach, wer den Tatbestand in welcher Weise verwirklicht hat, wäre somit unzulässig. Auch die Form, die Art und Weise, wie die Straftatbestände verwirklicht werden, ist unerheblich und bietet keinen sachlichen Grund zur Differenzierung bei der Strafbarkeit. Die Art und Weise der Tatbestandsverwirklichung kann allenfalls ein Aspekt der Strafzumessung sein. Tatbestände und die dahinter stehenden Schutzgüter können verglichen werden, nicht aber die Art der Tatbestandsverwirklichung.

Somit kommt es auch nicht darauf an, ob die Organisation und die Umsetzung der dem Geheimdienst obliegenden Aufgaben in den beiden deutschen Staaten völlig gleich gewesen ist. Nicht die Arbeitsweise von Geheimdiensten steht zur Beurteilung, sondern die abstrakt gefaßten Straftatbestände. Ein Urteil über den Wert oder Unwert des einen oder anderen Einsatzes ist illegitim...

Auch aus dem Vergleich der Geheimdienste ergibt sich kein sachlicher Grund, der eine Ungleichbehandlung rechtfertigt. Zwar hat die Bundesanwaltschaft bis in ihre Schlußvorträge hinein immer wieder die Einbindung der HVA in die innere Repression des Ministeriums für Staatssicherheit behauptet, jedoch beweismäßig nie belegen können...

Es gilt: wer den eigenen Geheimdienst akzeptiert, muß auch anderen Staaten eine entsprechende Einrichtung zubilligen. Jedes Land kann selbst bestimmen, was es als strafbar ansieht. Nahezu alle Länder stellen Spionage für fremde Länder unter Strafe; derartige Straftatbestände sind als rechtmäßig anzusehen. Eine starre politische Einordnung von Geheimdiensten ist nicht möglich. Pressemitteilungen der letzten Zeit ist zu entnehmen, daß die Geheimdienste Rußlands und Deutschlands zukünftig zusammenarbeiten wollen und der Bundesnachrichtendienst beabsichtigt, in Moskau ein Büro zu eröffnen.

Wirtschaftliche und militärische Spionage hat der Bundesnachrichtendienst gegen die DDR ebenso betrieben, wie der Geheimdienst der DDR umgekehrt gegen die Bundesrepublik. Ein gravierender Unterschied der Tätigkeit der Geheimdienste ist nicht ersichtlich und konnte auch in dieser Hauptverhandlung nicht belegt werden...

Der Bundesgerichtshof, der von einer 'offensiven' Spionage der DDR und von einer 'defensiven' Geheimdiensttätigkeit der Bundesrepublik spricht, hebelt mit einem solchen Argument den Gleichheitsgrundsatz aus den Angeln. Wenn der Bundesgerichtshof die Ansicht vertritt, daß der DDR kein Recht auf Selbstverteidigung zustand, und daß von der Bundesrepublik keine Gefährdung für die DDR ausgegangen ist, stellt sich die Frage, ob die Richter das Verhältnis der beiden deutschen Staaten, insbesondere die 'Zwei-Staaten-Theorie' richtig zur Kenntnis genommen haben. Die Ansicht der Richter des Bundesgerichtshofes widerspricht eklatant dem Art. 2 des zwischen der Bundesrepublik und der DDR geschlossenen Grundlagenvertrages, wonach sich beide Staaten vom Prinzip der 'souveränen Gleichheit aller Staaten', das in der Charta der Vereinten Nationen niedergelegt ist, leiten lassen. Bis zum 3. Oktober 1990 ist die DDR ein souveräner Staat gewesen, seit 1973 auch Mitglied der Vereinten Nationen und von fast allen Staaten der Erde anerkannt, in Gestalt des Grundlagenvertrages auch von der Bundesrepublik Deutschland.

Die Qualifizierung der DDR-Spionage als Unrecht, der bundesrepublikanischen Spionage als friedenssichernd, stellt zudem eine unzulässige Gesinnungsjustiz dar.

Das Bundesverfassungsgericht hat in seiner Entscheidung zu einer Straffreiheitsnorm ausdrücklich klargestellt, daß kein sogenanntes 'Individualgesetz' vorliegen darf, in dem der Gesetzgeber ausschließlich einen bestimmten Einzelfall oder eine bestimmte Gruppe von Einzelfällen regeln will... Ein sachlicher Grund für die Ungleichbehandlung läßt sich also nicht finden, somit liegt ein Verstoß gegen den allgemeinen Gleichheitssatz des Art. 3 Abs. 1 GG vor...

Die Bestrafung ehemaliger DDR-Spione verstößt vor allem auch gegen das Rechtsstaatsprinzip.

Das Rechtsstaatsprinzip ist ein Verfassungsgrundsatz... Dem Rechtsstaatsprinzip immanent ist das Gebot der Rechtssicherheit...

Die Rechtssicherheit fordert, daß der Bürger die ihm gegenüber möglichen staatlichen Eingriffe voraussehen und sich dementsprechend einrichten kann...

DDR-Spione waren früher häufig als Diplomaten oder Angehörige offizieller Delegationen vor westdeutscher Strafverfolgung geschützt, ungeachtet dessen, daß ihre Nachrichtendienste hier in der Bundesrepublik (selbstverständlich im Gegensatz zur DDR, wo ihr Handeln rechtmäßig war) strafbar war.

Jeder DDR-Spion und jeder Mitarbeiter der HVA konnte darauf vertrauen, daß der Staat DDR, unter welcher Regierung auch immer, die diesen Personen geschuldete Loyalität strikt respektiert.

Auf den Schutz der DDR konnte von ihnen auch mit guten Gründen vertraut werden, zumal gemäß Art. 6 des Grundlagenvertrages zwischen der Bundesrepublik Deutschland und der DDR von 1972 jeder der beiden Staaten seine Hoheitsgewalt auf sein Staatsgebiet beschränkt und die Unabhängigkeit und Selbständigkeit des anderen Staates in seiner äußeren und inneren Angelegenheit respektiert hatte.

Die DDR-Spione und Mitarbeiter der HVA konnten auch darauf vertrauen, daß sie nicht ausgeliefert werden; eine Auslieferung ist auch niemals ernsthaft erwogen worden.

Die DDR-Spione und HVA-Mitarbeiter konnten mithin darauf vertrauen, daß der Staat, in dessen Diensten sie standen, fortbestehen und sie vor Strafverfolgung durch die Bundesrepublik schützen werde. Das rechtliche Verhältnis sowie die Frage einer Wiedervereinigung ist von den beiden deutschen Staaten in den letzten Jahrzehnten unterschiedlich gesehen worden. Während in den ersten Nachkriegsjahren auch die SED die Wiedervereinigung propagierte und es selbst in der Nationalhymne der DDR hieß: 'Deutschland einig Vaterland', wurde später die Zweistaatlichkeit um so stärker betont.

Die Politik der Abgrenzung seitens der DDR machte Erich Honecker in seiner viel zitierten Rede vor Soldaten der Nationalen Volksarmee am 6. Januar 1972 mit den Worten deutlich: 'Es ist also völlig sinnlos, daß manche Leute in der BRD immer wieder die alte Platte von irgendwelchen sogenannten innerdeutschen Beziehungen auflegen. Von solchen seltsamen Beziehungen kann keine Rede sein.'

Somit war das Vertrauen der DDR-Agenten und Mitarbeiter in die Nichtverfolgung begründet und berechtigt. Daß die Haltung der Bundesrepublik zur Einheit Deutschlands bekannt war, ändert daran nichts. Niemand hatte ernsthaft in nächster Zeit mit einer Wiedervereinigung gerechnet. Die Wiedervereinigung ist letztlich nur durch den Einstellungswandel der Sowjetunion zustande gekommen... Daß ein Agent, der im 'Feindesland' festgenommen und dort vor Gericht gestellt und bestraft wird, ist eindeutig. Das gehört in der ganzen Welt gewissermaßen zum 'Berufsrisiko' der Geheimagenten.

Daß hingegen sich die beiden deutschen Staaten wiedervereinigen würden und daß damit alle Ge-

heimdienstmitarbeiter des einen Staates der Rechtsprechung des anderen Staates ausgeliefert sein
würden, war für die DDR-Spione und HVA-Mitarbeiter - wie für jedermann - nicht vorhersehbar. Somit
war das Vertrauen, nicht im Inland verfolgt zu werden, auch sachlich gerechtfertigt...

Der Rechtsgedanke des Art. 31 der Anlage zur
Haager Landkriegsordnung (HLKO) muß auch für
den ehemaligen Leiter der HVA gelten.

Art. 31 Haager Landkriegsordnung lautet: 'Ein
Spion, welcher zu dem Heere, dem er angehört, zurückgekehrt ist und später vom Feinde gefangen-
genommen wird, ist als Kriegsgefangener zu be-
handeln und kann für früher begangene Spionage
nicht verantwortlich gemacht werden.'

Der vom Bundesgerichtshof erhobene Einwand
..., daß Völkerkriegsrecht nicht auf eine freiwillig erfolgte Wiedervereinigung anwendbar ist, ist richtig,
geht aber an der Sache vorbei.

Zunächst einmal gibt es keinen der Haager Landkriegsordnung entsprechenden völkerrechtlichen
Vertrag für Konflikte in Friedenszeiten. Zudem wird
Art. 31 nicht 'angewandt', sondern der in ihm ent-
haltene Rechtsgedanke wird zu einem Fall, der
sachliche Parallelen bietet, herangezogen. Art. 31
HLKO regelt den Tatbestand, daß der Angehörige
eines anderen Staates für eine, während des Krieges begangene Spionagehandlung, die nicht rechtzeitig entdeckt wurde und daher nicht verfolgt werden konnte, nicht mehr bestraft werden kann,
wenn er nach erfolgreicher Spionage wieder in den
eigenen Herrschaftsbereich zurückgekehrt ist .

Die vergangenen weltpolitischen Auseinanderset-
zungen zwischen Ost und West sind gerade im Westen nicht zufällig als 'Kalter Krieg' bezeichnet worden. Es liegt daher nahe, den Rechtsgedanken des
Art. 31 HLKO auf Mitarbeiter der Auslandsnachrichtendienste zu übertragen:

Für die während des 'Kalten Krieges' zwischen den ideologisch verfeindeten deutschen Staaten von DDR-Spionen betriebene Spionage, die nicht auf dem Territorium der Bundesrepublik Deutschland rechtzeitig entdeckt und verfolgt werden konnte, kann es für die sich auf dem Territorium der DDR aufhaltenden Ex-Agenten nach dem staatlichen Anschluß der DDR an die Bundesrepublik keine Verfolgung geben...

Das Prinzip von Treu und Glauben, das nicht nur im Völkerrecht (wie z.B. nach Art. 2 Nr. 2 UN-Charta auch für die beiden deutschen Staaten als UN-Mitglieder galt) , sondern auch im innerstaatlichen Recht gilt, verbietet nach dem freiwilligen Beitritt der DDR zur Bundesrepublik die Bestrafung legaler und quasilegaler Handlungen von Angehörigen der DDR.

Der Grundsatz von Treu und Glauben führt hier zu folgender Bewertung:

Ein Geheimdienst, also eine staatliche Institution, kann nachträglich nicht der Strafverfolgung unterworfen werden, nur weil der Staat einem anderen Staat beigetreten ist und nicht mehr existiert. Gerade im Verhältnis der beiden deutschen Staaten würde ein anderes Ergebnis dem Gesichtspunkt von Treu und Glauben widersprechen.

Konkret geht es um die Frage, ob der Leiter des Nachrichtendienstes des einen Staates nach der Vereinigung der beiden Staaten wegen Landesverrates an dem anderen, verurteilt werden kann.

In diesem Zusammenhang ist darauf zu verweisen, daß überwiegend sogar die Stimmen in Rechtsprechung und Literatur, die einen Verfassungsverstoß in der Strafverfolgung ehemaliger DDR-Spione und HVA-Mitarbeiter nicht annehmen, einer Strafverfolgung skeptisch gegenüberstehen. Im Aufsatz von Simma/Volk mit dem Titel 'Der Spion, der aus der Kälte kam', abgedruckt in NJW 1991, 871, 874 heißt es im Ergebnis: 'Tatsächlich wird nur noch ein Amnestiegesetz helfen können'! Auch der Ermittlungsrichter des Bundesgerichtshofes kommt zu dem Ergebnis 'Eine sachgerechte Lösung erscheint deshalb nur durch ein Straffreiheitsgesetz möglich'...

Trifft der Gesetzgeber jedoch keine 'sachgerechte Lösung', so ist es Aufgabe des Gerichts, eine solche Lösung mit Hilfe des Prinzips von Treu und Glauben, an dem auch staatliches Handeln sich messen lassen muß, im Einzelfall zu verwirklichen.

Das gilt umsomehr, als die Wiedervereinigung Deutschlands, die zum Untergang des Völkerrechtssubjekts DDR führte, aufgrund des Einigungsvertrages, also eines völkerrechtlichen Vertrages, erfolgt ist. Wie anhand der Äußerung der bei den Verhandlungen maßgebenden staatlichen Repräsentanten Dr. Schäuble und de Maiziére schon aufgezeigt worden ist, war man sich darüber einig, daß eine Strafverfolgung der für die DDR-Nachrichtendienste Tätigen nicht erfolgen sollte.

Auch für völkerrechtliche Verträge gilt nach Art. 31 der Wiener Vertragskonvention das Auslegungsprinzip von Treu und Glauben. Daß die Bundesrepublik das von der Bundesregierung in die Wege geleitete Amnestiegesetz zu Gunsten der DDR-Spione nicht erlassen hat, gibt ihr aber nicht das Recht, nunmehr zu folgern, die Strafverfolgung der DDR-Spione sei generell zulässig.

Eine solche Auslegung des Einigungsvertrages wäre treuwidrig, und auch von daher kann die Schlußfolgerung nur lauten: das Verfahren gegen Markus Wolf entbehrt einer tragfähigen rechtlichen Grundlage.

Rechtsanwalt Johann Schwenn

Plädoyer

Über eines, hoher Senat, kann sich der Angeklagte nicht beschweren: nie haben Sie einen Zweifel daran gelassen, wohin die Reise gehen soll.

Was für Sie zur Sache gehört und was nicht - wir
hätten es auch verstanden, wenn der Standpunkt
des Senats etwas weniger deutlich geworden wäre.

Immerhin - selbst darin, daß Zeugenvernehmun-
gen durch den Senat fast durchweg nichts anderes
als die Reproduktion dessen waren, was der Zeuge
schon bei der Bundesanwaltschaft oder bei der Polizei gesagt haben soll, oder darin, wie einzelne
Mitglieder des Senats die Befragung von Zeugen
durch die Verteidigung mitunter begleitet haben,
könnte das Angebot rechtlichen Gehörs liegen.

Aber das Prozeßgrundrecht auf Gehör soll die Beteiligten eben nicht nur vor Überraschungen bewah-
ren. Es erschöpft sich nicht darin, ihnen die Anpas-
sung an die Position des Gerichts zu erleichtern.
Denn bei der Position, die das Gericht mit dem Eröffnungsbeschluß und den Haftentscheidungen
eingenommen hat, kann es sich doch immer nur
um eine vorläufige handeln - nach dem Beginn der
Hauptverhandlung wird aus ihr ein unzulässiges
Vorurteil. Ob daraus auch ein Urteil werden kann,
das soll erst die Beratung ergeben. Ihre Aufgabe,

hoher Senat, ist also keineswegs auf die Prüfung beschränkt, ob es dem Angeklagten gelungen ist, die Meinung des Gerichts als die eigene auszugeben.

Gehört werden sollen die Beteiligten, weil es sein kann, daß der Richter danach anders über die Sache denkt. Die Gelegenheit zur Äußerung allein ist deshalb eine leere Hülse, wird sie nicht mit dem Signal verbunden, sich vielleicht doch einmal überzeugen zu lassen.

Der Senat ist das vom Generalbundesanwalt ausgewählte Gericht. Wir müssen für wahrscheinlich halten, daß die Anklage nicht nur in der Zuversicht bei diesem Senat erhoben worden ist, er werde die verfassungsrechtliche Zulässigkeit der Verfolgung des Angeklagten bejahen. Das soll, Sie haben es am ersten Tag von Herrn Bundesanwalt Lampe gehört, damals auch anderswo zu erwarten gewesen sein - sogar in Berlin.

Für gut aufgehoben hält die Bundesanwaltschaft den Fall dieses Angeklagten bei diesem Senat wohl vor allem darum, weil sie auf die Wirkung der Strafen baut, die Sie früher gegen andere der geheimdienstlichen Agententätigkeit oder des Landesverrats Angeklagte verhängt haben...

Daß hier erst alle unsere Beweisanträge zum Thema 'bundesdeutsche Dienste' abgelehnt werden und wir uns dann im Schlußvortrag der Bundesanwaltschaft verhöhnen lassen müssen, wir hätten keine Beweise vorgelegt - das macht die Eigenart dieses Verfahrens aus.

Der Verteidigung ist keine 'Gauck-Behörde' zu Willen. Und der Angeklagte hat nicht die Mittel, Zeugen aus Übersee einfliegen zu lassen, um dem Senat mit deren Präsentstellung die Vernehmung aufzuzwingen - etwa der von dem BND-Agenten mit dem Decknamen Stohlze im Jahre 1990 in einen Selbsttötungsversuch getriebenen Sekretärin aus Boston.

Wir sind also genötigt, das Verhalten unseres Mandanten an dem merkwürdigen Ideal des untätigen Geheimdienstchefs zu messen.

Und trotz dieser Behinderung brauchen wir das Resultat nicht zu verstecken: es war von vornherein unwahrscheinlich, daß ein leistungsfähiger Apparat, wie es die HVA nun einmal war, seine Erfolge auf Kosten Erpreßter und Verführter erreicht haben sollte.

Derartige Mutmaßungen nötigen zu dem Umkehrschluß, daß die Mißerfolge von BND und Verfassungsschutz mehr mit der Wahl ihrer Methoden als mit der vorgeblichen Notwendigkeit zu tun haben, sich an Gesetz und Recht zu halten.

Denn auf dem Felde des Staatsschutzes sind auch die Gesetze der Bundesrepublik Deutschland den Bedürfnissen der Dienste angepaßt - es herrscht das Opportunitätsprinzip.

Eigene Untaten werden nicht verfolgt. Als kleiner Beleg mag die Preisgabe echter Daten ahnungsloser Bundesbürger aus dem NADIS-Speicher im Rahmen des Nachrichtenspiels genügen, mit dem der Verfassungsschutz den in Wirklichkeit noch einmal überworbenen Doppelagenten Moitzheim aufwerten wollte. Was, bitte, hat das mit Gesetz und Recht zu tun?

Die Aufhellung des 'Dunkelfeldes westdeutsche Dienste' hätte den Beweis geliefert, daß die Leistung eines Auslandsnachrichtendienstes eben nicht vom Fehlen oder von der Mißachtung rechtlicher Bindungen abhängt: erfolgreich kann ein Dienst nur sein, wenn die Mitarbeiter und die Quellen im Operationsgebiet davon überzeugt sind, daß das, was sie tun, richtig ist. Deshalb hat die Bundesanwaltschaft hier keinen einzigen gepreßten und keinen verführten Agenten vorzeigen können.

Deshalb sind aber auch Fälle nennenswerter, über die reine Aufwandsentschädigung hinausgehender Geldzuwendungen vereinzelt geblieben. So verschieden die vernommenen Zeugen auch waren - alle haben aus freiem Entschluß für die HVA gearbeitet. Sie sind einer wie der andere - Überzeugungstäter gewesen.

Eine einsame Sonderrolle spielt der Zeuge Kuron. Ihn haben - jedenfalls auch - wirtschaftliche Motive getrieben. Aber diese Motive belasten die HVA nicht: Kuron war Selbstanbieter. Er war es, der mit beträchtlichen Anstrengungen die Verbindung zur HVA gesucht hat. Kein Geheimdienstchef der Welt hätte ihn nach Hause geschickt.

Die Vertreter des Generalbundesanwalts haben ihr Mitgefühl mit den in die geheimdienstliche Tätigkeit verstrickten Sekretärinnen bekundet. Wir meinen, daß dies Mitgefühl unecht und aufgesetzt ist. Es reicht nur soweit, wie der überzogene Strafantrag der öffentlichen Rechtfertigung bedarf. Wo war das Mitgefühl des Generalbundesanwalts in den Verfahren gegen die jetzt als Opfer präsentierten Frauen? Hat es diese Behörde früher von Ihren gnadenlos harten Anträgen abgehalten? Wo war Ihr Mitgefühl, Herr Bundesanwalt Lampe, als die Zeugin Drechsler in dieser Beweisaufnahme nach Einzelheiten der sexuellen Seite ihrer Beziehung zu den unbekannten Agenten befragt wurde? Da hätte sich doch ein Antrag auf Ausschluß der Öffentlichkeit nun wirklich aufgedrängt!

Man komme uns nicht mit dem Einwand, daß dann ja der Öffentlichkeit das ganze Ausmaß der die HVA kennzeichnenden Perfidie vorenthalten worden wäre. Denn nicht sexuelle Einzelheiten, sondern die Ausnutzung einer Liebesbeziehung soll doch den Vorwurf begründen...

Die Frage nach der Berechtigung des Interesses der HVA am westlichen Bündnis wird gern damit abgetan, die NATO sei immer schon ein Verteidigungsbündnis gewesen.

Damit mögen die Absichten der NATO-Partner zutreffend erfaßt sein - aber über die Gefährlichkeit des Militärbündnisses aus der Sicht seines Gegenübers ist nichts gesagt. Strategische Konzepte wie der "pre-emptive strike" und später die als bloß verbaler Fehltritt ausgegebene 'Vorwärtsverteidigung' konnten den Gegner besorgen lassen, im Sprachgebrauch des Nordatlantikpakts solle der Begriff Verteidigung auch Verhaltensweisen abdecken, die man sonst Angriff nennt.

Solche Sorgen sind im Laufe der Jahre durch Formeln wie der vom 'Reich des Bösen', durch den 'Goebbels-Gorbatschow-Vergleich' und andere Äußerungen verantwortlicher westlicher Politiker unterhalten worden - lauter Signale, daß gegenüber Verbrechern auch im Rahmen der militärischen Konfrontation mehr erlaubt sein könnte als gegenüber seinesgleichen.

Dazu waren das Operieren der USA in der Kubakrise und vor allem ihr Engagement in Vietnam gewiß keine Belege dafür, daß die Erhaltung des Friedens für die Führungsmacht der NATO immer die höchste Priorität hatte. Kein Funktionsträger der ehemaligen DDR mußte für möglich halten, daß es bei einem Konflikt ausgerechnet der vergleichbar abhängigen Bundesrepublik gelingen könnte, einen strengen Maßstab an das Vorliegen des Bündnisfalles zu stellen.

An einem der ersten Tage dieser Hauptverhandlung sind Urkunden verlesen worden, aus denen sich das Interesse der HVA an Elektronik und Bewaffnung des Kampfpanzers Leopard der Bundeswehr ergab.

Wir haben überlegt, ob wir den israelischen Militärattaché bitten sollten, Ihnen als Sachverständiger zu erläutern, welche Gründe sein Land dazu bestimmt haben, bei der Bundesregierung gegen die Lieferung dieser Panzer an Saudi-Arabien zu protestieren. Es sind dieselben, die das Interesse der HVA wecken mußten.

Regelrecht dankbar muß die Verteidigung dem Generalbundesanwalt dafür sein, daß er mit seiner Anklage auch die 'Lageberichte Ost' aufgeboten hat.

Ihr Titel weist den BND einmal mehr als Traditionsverein aus - aber eben nicht nur der Titel.

Was ging den BND, was ging die Bundesregierung, was ging das Verteidigungsbündnis Nordatlantikpakt die Luftverteidigung der Warschauer-Pakt-Staaten, was die Zivilverteidigung des früheren Jugoslawien an? Welcher schwere Nachteil drohte der Bundesrepublik Deutschland, wenn diese Staaten, dank der Tätigkeit der HVA, in der Lage gewesen sein sollten, ihre Zivilbevölkerung besser gegen Luftangriffe zu schützen? Luftangriffe von NATO-Staaten, die doch nie zu befürchten waren?...Nun - nach allem: nichts von dem, was feststeht und Markus Wolf belasten soll, ist neu - neu könnte allenfalls noch sein, was Sie in Ihrem Urteil dazu sagen.

Das Strafmaß, das Sie verhängen werden, wird deutlich machen, wie die Folgen des einfach rechtlichen Zustandes aussehen, den das Kammergericht für verfassungswidrig hält. Ihr Strafmaß kann das Absurde dieser Verfolgung nur zusätzlich deutlich machen: je mehr - desto mehr.

Der Senat wird bei seiner Meinung bleiben - wir bleiben bei unserer und beantragen deshalb, das Verfahren auszusetzen und zu der Frage, ob die Verurteilung des Angeklagten mit dem Grundgesetz vereinbar ist, die Entscheidung des Bundesverfassungsgerichts einzuholen.

Fritz Noll

Solidarität

War es der erste April? Ich erinnere mich, daß ich einen prüfenden Blick auf den Kalender warf. Also: zumindest kein Aprilscherz, kein alberner Witz.

Der Anrufer war ohnehin nicht der Typ, der Geld ausgibt, um telefonisch Aprilscherze zu verbreiten. Wir kennen uns lange genug. Aus einsehbaren Gründen belasse ich es bei seinem Vornamen: Kurt. Er kämpfte in Spanien, hatte furchtbare Jahre in Auschwitz und Buchenwald hinter sich. Der Journalismus hatte unsere Freundschaft in der Nachkriegszeit begründet. Private Beziehungen kamen hinzu, widerstanden allen Belastungen, auch der, die man gemeinhin als Wende bezeichnet, treffender aber wohl "Rückwende" nennen sollte.

Ich wiederhole: es war einer der ersten Apriltage 1993, als mich Kurt aus Berlin anrief: "Hör mal, in vier Wochen beginnt der Prozeß gegen Mischa Wolf in Düsseldorf. Kannst du ihm helfen?"

Ich glaubte mich verhört zu haben.

"Wessen Prozeß?"

"Markus Wolf!"

Ich bin ziemlich sicher, daß ich das meiste gelesen habe, was in altbundesdeutschen Gazetten über diesen Mann geschrieben worden war. Kriminalschriftsteller hatten ihn zur Hauptfigur ihrer Bestseller gemacht. James Bond war wohl nur des-

halb berühmter als Wolf, weil man sein Wunder-
auto auf dem Fernsehschirm sah, während von
Wolf lange nur ein dürftiges Bild aus Stockholm
existierte, das ein Stümper mit einer uralten Box
aus der Pfandleihe gemacht haben mußte.

Zugegeben: dann war er überraschend zurückge-
treten, hatte sich als Schriftsteller betätigt, über eine "Troika" geschrieben, in der sein Bruder Konrad,
berühmter Filmregisseur und Präsident der DDR-
Akademie der Künste, die Hauptrolle spielte. Am 4.
November 1989 hatte er sich zu den Rednern ge-
sellt, die auf dem Alexanderplatz eine andere DDR
forderten und sich dabei mehr als 300000 Berliner
Bürgern persönlich vorgestellt.

Er war also schon eine Weile nicht mehr der
große Geheimdienstchef, aber solchen Ruf verliert
man nicht über Nacht.

Wie auch immer: Ich sollte nun Quartier für ihn
machen.

Ehe ich mich endgültig mit diesem Gedanken befaßte, ging mir durch den Kopf, was dabei wohl
herauskäme, wenn ich ein paar Redaktionen in
Bonn oder Düsseldorf anrufen und den Redakteu-
ren sagen würde: "Wollen Sie vielleicht ein Interview mit dem Quartiermacher von Markus Wolf haben? Ich könnte es leicht vermitteln, denn ich bin
es selbst!"

Noch immer hielt ich den Hörer in der Hand. Kurt
schien damit gerechnet zu haben, daß eine etwas
längere Schrecksekunde entstehen könnte.

Nachdem sie endlich vorüber war - daß sie sich
auf eine knappe Minute beschränkte, dürfte darauf
zurückzuführen sein, daß mir mein Leben schon
einige handfeste Aufregungen beschert hatte - fragte ich sehr logisch: "Und wie soll ich ihm helfen?"

Die Frage war mehr als begründet. Ich warf einen
prüfenden Blick auf meine Katzen und auf die weiten Koppeln vor dem Fenster, um ganz sicher zu

sein, daß ich nicht träumte. Die Kater dösten wie immer, über die Koppeln flogen Krähen.

Die Antwort war behutsam: "Kannst du verstehen, daß er sich bei seiner Rente kein Hotelzimmer leisten kann?"

Es war kein Problem, das zu begreifen.

Kurt fuhr fort: "Kann man ihn nicht in Düsseldorf privat unterbringen? Er kommt auch nicht allein, seine Frau Andrea ist dabei."

Ich begriff zumindest, daß es unzweckmäßig war, weitere Fragen zu stellen.

Es hätte so manche gegeben. Auch wohl die, warum ausgerechnet ich, ein unweit der niederländischen Grenze lebender Rentner, Quartier für den berühmtesten Geheimdienstmann des Ostens machen sollte? Aber ich stellte keine, sagte: "Ich werde es versuchen, Kurt" und beendete das Gespräch.

Ich bat meine Frau um einen Kaffee und begann nachzudenken. Täglich Schlagzeilen über die Stasi, fast täglich Meldungen über gefaßte angebliche Agenten.

Wem konnte ich zumuten, Markus Wolf bei sich unterzubringen und seinen Freunden mitzuteilen: "Wir haben Besuch, Markus Wolf wohnt ein paar Wochen bei uns?"

Was nun folgte waren Überlegungen und Gespräche, die sich zu - im nachhinein betrachtet - Alltagsgeschichten am Rande eines politischen Gerichtsverfahrens verdichteten.

Es wird von menschlichen Verhaltensweisen die Rede sein, die eigentlich üblich, also normal genannt zu werden verdienen.

Doch was ist in dieser Zeit schon normal? Welche Rolle spielen zwischenmenschliche Beziehungen, wenn es um Solidarität mit einem Menschen geht, der die Bundesrepublik Deutschland "verraten" haben soll?

Bevor ich losfuhr, um ein Quartier für ihn zu finden, stellte ich einige Erkundigungen an. Ich richtete Fragen an Freunde, die auf diesem Gebiet besser informiert waren. Verzichten Sie bitte auf jegliche Vermutung in der falschen Richtung! Wolf hatte in Berlin residiert, wohnte in Berlin. Ich erinnerte mich der Floskel auf Rechnungsformularen: "Gerichtsstandort Dingsda".

Ich erfuhr: hinter der Wahl Düsseldorfs zum Gerichtsort steckten zwei Gründe. Ein schwerwiegender und ein willkommener Nebenbeigrund. Zum einen wollte die Bundesanwaltschaft sicher gehen, und das glaubte sie, bei dem "erprobten" Agenten-Richter Wagner, Vorsitzender der politischen Strafkammer des Oberlandesgerichts - er hatte einst Guillaume abgeurteilt - voraussetzen zu können. Zum anderen waren wohl auch die für den Angeklagten mit dem Verhandlungsort verbundenen Schikanen beabsichtigt.

Markus Wolf lebt mit seiner Familie in Berlin, seine "staatsnahe" Rente beträgt 803,03 DM im Monat. Wenn ein in dieser Weise "Begüterter" wöchentlich für zwei Tage nach Düsseldorf kommen muß, dann kann ihn schon vor dem ersten Verhandlungstag die Frage quälen, wie er das bewerkstelligen soll.

Es spielte noch ein weiterer politischer Gedanke bei den Prozeßbetreibern eine Rolle. Der Angeklagte hatte in Berlin ein Umfeld, das keineswegs in ihm die furchterregende Gestalt einer überwundenen Vergangenheit sah - wenn man von den Schreibern der in Berlin regierenden Springerpresse, Opfern von Stasiwillkür und "Abrechnungspolitikern" absieht.

Also wollten die Bundesanwälte möglichst weit weg von Berlin, in eine Gegend, in der Markus Wolf kaum Freunde erwarten durfte. Düsseldorf war der rechte Ort für den Prozeß gegen den linken Geheimdienstmann!

Markus Wolf war während seiner Tätigkeit in der Hauptverwaltung Aufklärung nie in Westdeutschland gewesen. Seine Erinnerungen gingen auf die Kinderjahre in Hechingen vor 1933 zurück. Er war sieben Jahre alt, als seine Familie aus politischen und rassischen Gründen emigrieren mußte.

In einem Text, mit dem Markus Wolf Rechenschaft über sein Leben ablegt und der mir viel später in die Hände gelangte, schrieb er: "An die Machtergreifung Hitlers und ihre Folgen erinnere ich mich genau. Nach dem Reichstagsbrand mußte Vater im Februar 1933 ins Ausland fliehen. Wenige Monate später, nach Hausdurchsuchungen und Drohungen der Nazis, folgte die Mutter mit uns in die Schweiz. Von dort reisten wir nach Frankreich, wo wir, unerwünschte Ausländer, von französischen Freunden auf der kleinen Insel de Brehat in der Bretagne versteckt wurden. Wie Robinson und Freitag erlebten mein Bruder und ich einen wunderschönen Sommer. Der Vater vollendete sein weltberühmt gewordenes Drama `Professor Mamlock`. Mit heißer Feder geschrieben, wurde es das erste literarische Zeugnis der Judenverfolgung in Deutschland. Noch vor seiner deutschen Uraufführung in Zürich wurde das Stück am jüdischen Theater in Warschau gespielt und erlebte große Erfolge in Tel Aviv, Moskau, Toronto, Tokio, Shanghai, London, Paris, Stockholm, Oslo, New York. Ein in der Sowjetunion gedrehter gleichnamiger Film trug dazu bei, daß der Name des Vaters in der ganzen Welt bekannt und häufig mit Mamlock identifiziert wurde. In New York lief der Film gleichzeitig in sechs Kinos.

Die wütende Antwort der Nazis blieb nicht aus. 1934 wurde unser gesamtes Vermögen eingezogen. Der Name Friedrich Wolf kam auf die 'Liste

des schädlichen und unerwünschten Schrifttums'.
In der Folgezeit wurde der ganzen Familie die deutsche Staatsbürgerschaft aberkannt. Auch der Name
meiner Mutter, mein Name und der meines Bruders
- wir waren noch Kinder -, wurde auf eine Fahn-
dungsliste zur Festnahme gesetzt. Wäre es dazu
gekommen, wir hätten sicher das Los unserer jüdischen Verwandten geteilt, deren Namen in der Ge-
denkstätte Yad Vashem in Jerusalem verewigt sind.
Schon während des Krieges erfuhr ich von einem
deutschen Kriegsgefangenen, der aus Hechingen
stammte, daß mein Großonkel, Dr. Meyer, in ein
Konzentrationslager verschleppt worden war. Über
80 Jahre war er alt, als er in Mauthausen umkam.
    Dieses Schicksal blieb uns erspart, weil wir in der
Sowjetunion Asyl fanden. Im März 1934 folgte die
Mutter mit uns Kindern dem Vater nach Moskau,
der mit Hilfe seines Dichterfreundes Wsewolod
Wischnewski eine kleine Zweizimmerwohnung
ganz in der Nähe des Arbat im Zentrum der Stadt
erhalten hatte. Für damalige Verhältnisse ein unvor-
stellbarer Luxus. So wurden mein Bruder Konrad
und ich in gewisser Weise `Kinder des Arbat`".
    1945/46 war Markus Wolf nach seiner Rückkehr
aus der Sowjetunion Journalist beim Berliner Rundfunk geworden. Man schickte ihn als Berichterstat-
ter zu den Kriegsverbrecherprozessen in Nürnberg.
Danach hatte er die spätere Bundesrepublik nie
wieder betreten.   Nun war er nach Düsseldorf vor
die Schranken des Gerichts geladen. Die Anklage
vertraten Bundesanwälte, deren Chef, Generalbundesanwalt von Stahl, allerdings gerade in Bad Kleinen "abhanden" gekommen war. Der frühere bundesdeutsche Gegenspieler von Wolf, Kinkel, war
inzwischen Außenminister und FDP-Chef. Er
stammte kurioserweise aus dem gleichen Hechingen in der Schwäbischen Alb wie Markus Wolf und
hatte sich gegen den Prozeß ausgesprochen. Das

gleiche taten die ehemaligen und aktuellen Leiter des Verfassungsschutzamtes und des BND.

Da es dann doch zu dem Verfahren kam, lag der Schluß sehr nahe, daß sich Politiker durchgesetzt hatten. Wieder einmal sollte Siegerjustiz demonstriert werden.

Inzwischen einigermaßen informiert, machte ich mich auf den Weg. Mein Ziel war eine Siedlung im Gürtel einer der großen Ruhrgebietsstädte.

Ihre Ein- und Zweifamilienhäuser verstecken sich nicht hinter Vorgärten. Ihre dekorativen Haustüren, keine gleicht der anderen, der kurzgeschnittene fast an Wembley erinnernde Rasen und Rosenrabatten, sollen zu sehen sein. Die meisten Garageneinfahrten sind mit Natursteinen gepflastert.

Hier wohnen nicht Neureichs, sondern Handwerker, Beamte, eine Mittelstandssiedlung. Hier sind auch - obwohl so gar nicht Mittelständler - Liesel und Manfred zu Hause.

Liesel war mir in den Sinn gekommen, weil sie mehr als einmal in ihrem Leben Mut bewiesen hatte. Als junge Frau hatte sie mit einem von vielen wegen seines konsequenten Eintretens geachteten Pfarrer im Mai 1952 eine Demonstration gegen die Remilitarisierung der Bundesrepublik organisiert. Man rechnete mit Tausenden Teilnehmern aus dem ganzen Bundesgebiet. In letzter Stunde wurde die Kundgebung verboten. Polizei, in Korpsstärke mobilisiert, schoß, als die Demonstration sich näherte. Philipp Müller, ein 21jähriger FDJler, starb. Er war der erste Tote des Kalten Krieges in Deutschland. Die Organisatoren der Kundgebung sollten als Schuldige vor Gericht. Den Pfarrer wagte man nicht anzuklagen. Liesel, ebenfalls Mitglied der FDJ, wurde zu eineinhalb Jahren Zuchthaus verurteilt. Ein Arzt, der nicht bereit war, mit den rücksichtslosen Vollzugsbeamten gemeinsame Sache zu machen, bewahrte sie vor dem Schlimmsten, als sie

schwer erkrankte. Liesel redet heute selten darüber, aber vergessen hat sie es nicht. Als man ihren Mann wegen angeblicher Staatsgefährdung
suchte - vergeblich übrigens -, mußte sie sich mit
ihren Kindern durchs Leben schlagen und kam auf
die Idee, Katzen und Rassehunde zu züchten.
Heute ist sie Vorsitzende eines Züchtervereins und
fährt zu internationalen Ausstellungen und Kon-
gressen. Bei aller Liebe zu Tieren hat sie sich eine
wichtige menschliche Eigenschaft bewahrt: Solidarität.

Ich hatte sie angerufen. Schon am Telefon kein
Zögern, kein "wir lassen uns das durch den Kopf
gehen und rufen Dich wieder an", sondern sofort
ein deutliches: "Sie können kommen, unsere obere
Wohnung ist gerade frei!"

Ich stieg hinauf. Die "obere Wohnung" war kom-
plett eingerichtet, eigenes Bad, eigene kleine Kü-
che, Wohnzimmer und Schlafzimmer. Sogar separa-
ter Telefonanschluß. Ich ging wieder hinunter zu
Liesel und sagte scherzhaft: "Ideale Zweitwohnung
für einen Mann wie ihn." (Ein Mann übrigens - ich
will ganz ehrlich sein -, dem es sicher selten an irgend etwas gemangelt hat und dem man das zuweilen auch anmerkt. Andererseits: ein Wort genügt, um ihn in die Gegenwart zurückzurufen.)

Familie Wolf hatte also ihr Quartier. Ich konnte
Kurt anrufen und ihm mitteilen, daß seine Bitte er-
füllt werden konnte. Ich gab ihm die Vorstadtadres-
se.

Später erst dachte ich über einiges nach: gab es
nicht in Bonn eine PDS-Bundestags-Gruppe mit Büros und aller Logistik? Hatte Markus Wolf nicht in
einer Parteitagskommission für die PDS gearbeitet?
Hätte die Parlamentsgruppe da nicht auch seine Be-
treuung übernehmen können?

Ob sie die Befürchtung davon abhielt, durch solche Kontakte wieder in SED-Nähe gerückt zu werden?

Sehen wir die Sache positiv: die Haltung der PDS zum Prozeß gegen Markus Wolf änderte sich bald und am Tage der Urteilsverkündung waren die Abgeordneten Gregor Gysi, Hans Modrow, Andrea Lederer, Ilja Seifert und Uwe Jens Heuer und viele aus den Bonner Büros im Oberlandesgericht anwesend.

Und es blieb nicht bei dieser Demonstration der Solidarität. In einer Erklärung unter dem Titel "Siegerjustiz", die vom PDS-Vorsitzenden Lothar Bisky, dem PDS-Ehrenvorsitzenden Hans Modrow und Gregor Gysi unterzeichnet wurde, heißt es: "Das Oberlandesgericht hat deutlich gemacht, daß die Herrschenden Markus Wolf und anderen Verantwortlichen in der DDR nicht verzeihen wollen, daß es die DDR gab. Das ist um so unverständlicher, als Konrad Adenauer und andere führende Politikerinnen und Politiker der BRD durchaus ihren Anteil daran hatten, daß es zur Gründung der DDR kam. Da beide Staaten unterschiedlichen politischen und militärischen Bündnissen angehörten, waren sie von Anfang an das Tummelfeld fast aller Spionagedienste der Welt. Nichts von alledem wird gegenwärtig aufgearbeitet.

Das Interesse ist darauf gerichtet, einseitig die für die Spionage gegen die BRD Verantwortlichen der Hauptabteilung Aufklärung zu bestrafen. Das ist unerträglich und ordnet sich in viele andere Maßnahmen gegen ehemalige Bürgerinnen und Bürger der DDR ein. Die Ungleichbehandlung ist inzwischen zum Prinzip erhoben worden. Sie gilt nicht nur für Mitarbeiter der Nachrichtendienste. Ob es die Höhe der Löhne, den Kündigungsschutz im öffentlichen Dienst, die Sicherung des in der DDR erworbenen Eigentums an Grundstücken und Häusern, die Höhe der Renten oder irgendeine andere Frage betrifft, überall werden Bürgerinnen und Bürger aus den neuen Bundesländern dafür bestraft, daß sie DDR-Bürgerinnen bzw. DDR-Bürger waren... Wenn die Spionage des einen Staates zur Beförderung führt und die des anderen Staates zu strafrechtlicher Verantwortlichkeit, dann zwingt das zu der Schlußfolgerung, daß die BRD-Justiz davon ausgeht, daß ihr Staat immer legitim, die DDR aber von vornherein kriminell war und deshalb jede Handlung für diesen Staat letztlich kriminell sein muß. Wer aber so an die Aufarbeitung der Geschichte und an die Vereinigung der beiden deutschen Staaten herangeht, der will nicht Aussöhnung und Integration, sondern Ausgrenzung und Vertiefung der Spaltung, der will den `Kalten Krieg` mit anderen Mitteln nunmehr im geeinten Deutschland fortsetzen.

Es ist der typisch deutsche kleinbürgerliche Geist, der darauf besteht, die Menschen in Sieger und Besiegte einzuteilen, und das ist es wohl auch, was im Ausland zu berechtigtem Mißtrauen und höchsten Zweifeln an der Rechtsstaatlichkeit des Umgangs mit ehemaligen Bürgerinnen und Bürgern der DDR durch die Justiz der BRD führt."

Zurück zu meinen Gedanken, die entstanden waren, als ich über Nacht zum "Generalquartiermeister" eines VIP geworden war. Auch andere hatten zunächst ihre Probleme mit dem Prozeß. Meine eigene Partei, die DKP, hatte zwar in ihrer Zeitung "UZ" ein längeres Interview mit Markus Wolf zu Beginn des Verfahrens veröffentlicht und durch die Berichterstattung über den Prozeß und seinen Ausgang deutliche politische und solidarische Wertungen vorgenommen, doch die Anstöße zur praktischen und faktischen Solidarität gingen vor allem von Menschen wie Liesel aus.

Hubert, Rentner in Düsseldorf, überzeugte unermüdlich andere Genossinnen und Genossen davon, daß es wichtig sei, in den Gerichtssaal zu gehen. Marga versäumte kaum eine Verhandlung, Franziska appellierte in einem Leserbrief an die "UZ": "Da läuft seit Wochen in Düsseldorf ein Prozeß gegen Markus Wolf und kaum einer unserer Genossen geht hin. Da haben wir in all den Jahren die DDR verteidigt, haben alles verteidigt, auch oftmals das Nichtverteidigungswürdige. Wir waren a priori solidarisch mit der DDR und ihren Funktionären. Und wie sieht es heute aus? Da steht nun ein hochkarätiger ehemaliger Funktionär vor Gericht und wir sind plötzlich stumm und unsichtbar. Dabei gilt die einstige Tätigkeit von Markus Wolf - Aufklärung zur Sicherung des Friedens - doch wohl auch heute noch als verteidigungswürdig, oder etwa nicht? Wie ich höre, will man in Frankreich eine Solidaritätsaktion für Markus Wolf initiieren. Und wie solidarisch sind wir deutschen Kommunisten, wir, die wir jahrzehntelang Hilfe von der DDR genommen haben?"

Auch Organisationen wie die VVN/Bund der Antifaschisten kamen nur langsam in Bewegung. Aber am Tage der Urteilsverkündung, dem 4. Dezember 1993, ergriff der Vorsitzende der VVN/Bund der Antifaschisten in Nordrhein-Westfalen, Jupp Angenfort, auf einer spontanen Protest-Kundgebung das Wort:

"Der Kalte Krieg sei zu Ende, sagt man. Nicht zu Ende ist aber die Strafaktion nach Siegerart gegen die unterlegene Seite. Nazis kamen in den Nachrichtendiensten der BRD zu höchsten Ehren. Antifaschisten, die, wie Markus Wolf, den Nachrichtendienst der anderen Seite anführten, sollen ins Gefängnis gesteckt werden. Wir verurteilen diese Absicht...

Markus Wolf wurde im Prozeß vorgeworfen, daß er Politiker in Westdeutschland enttarnt habe. Wir Antifaschisten haben diese Enttarnung nie als Landesverrat empfunden. Wer wurde denn enttarnt? Enttarnt, besser gesagt entlarvt, wurde Bundespräsident Heinrich Lübke. Er hatte den Nazis Pläne für den Bau von Konzentrationslagern geliefert. Enttarnt wurde der spätere Bundeskanzler Kiesinger. Er war Verbindungsmann von Goebbels im Großdeutschen Rundfunk. Enttarnt wurde Minister Oberländer. Er war Offizier einer Truppe, die an schrecklichen Pogromen beteiligt war.

Daß diese Leute Bundespräsident und Minister wurden, das war zum Schaden unseres Landes. Markus Wolf hat dieses Verfahren einen politischen Prozeß genannt. Das Gericht hat das zurückgewiesen. Es gebe in unserem Land keine politischen Prozesse und keine politische Justiz.

Was für ein Unsinn. Hier sind Dutzende Menschen anwesend, die in den 50er und 60er Jahren verurteilt wurden, weil sie gegen die Remilitarisierung auftraten. Sie sind verurteilt worden, weil sie die Forderung erhoben: Deutsche an einen Tisch, weil sie sich mit Gewerkschaftern der DDR trafen. Sie sind verurteilt worden, weil sie forderten: Einheit und Freiheit im deutschen Sport, weil sie gesamtdeutsche Sportbegegnungen organisierten. Westdeutsche Frauen wurden zu mehr als einem Jahr Gefängnis verurteilt, weil sie für bedürftige Kinder aus Westdeutschland frohe Ferien in der DDR organisierten.

Ich selbst wurde 1953 unter Bruch meiner Immunität als Landtagsabgeordneter in Nordrhein-Westfalen verhaftet, zwei Jahre in Untersuchungshaft gehalten und dann zu 5 Jahren Zuchthaus verurteilt. Warum? Weil ich Leiter der Jugendorganisation `Freie Deutsche Jugend` in Westdeutschland war.

Keine politische Justiz in Westdeutschland?"

Wie man weiß, wurde Markus Wolf nach der Urteilsverkündung für haftunfähig erklärt und nach Hause entlassen. In den Tagen vor der letzten Sitzung des Gerichts geisterten viele Gerüchte und Stories durch die Medien, geschrieben vermutlich alle, um die Öffentlichkeit darauf vorzubereiten, daß der Angeklagte nicht auf der Stelle inhaftiert würde.

Wolf bedankte sich bei seinen Freunden und Genossen, stieg ins Auto und fuhr zum Flughafen.

Ins Auto?

Ja, in ein Auto, dessen Geschichte ich hier noch nebenbei beschreiben möchte.

Es hatte sich herausgestellt, daß es mit der Vorstadtwohnung nicht getan war. Zum Einen erwies es sich als kostenaufwendig täglich zweimal die Strecke Vorstadt-Düsseldorf zurückzulegen und zum Anderen gab es zuweilen unliebsame Zwischenfälle mit "Bild"-Lesern, die es wohl für ihre patriotische Pflicht hielten, dem Mann von der Titelseite ihrer einzigen täglichen Lektüre "Volkszorn" zu demonstrieren.

Mein Erfolg bei der Wohnungssuche trug mir nicht nur schlichte Sympathie, sondern auch den Ruf ein, ein Spezialist für die "schweren Fälle" zu sein.

"Kannst du nicht ein Auto beschaffen?"

Eine gute Frage.

Wieder grübelte ich eine Weile und erinnerte mich dann der Familie Schubert in einer Kleinstadt, der ich in diesem Fall den Namen X-Dorf gebe. Er ist ein vielseitig engagierter Geschäftsmann, sie, nennen wir sie Agnes, arbeitet in der Leitung des Unternehmens mit. Trotz Rezession floriert die Firma.

Wir kennen uns seit den 70er Jahren. Während einer Reise nach Kuba waren wir uns näher gekommen.

Mich überraschte damals das solidarische Interesse der beiden für die kubanische Revolution. Seitdem verloren wir uns nicht nur nicht aus den Augen, sondern konnten im Verlaufe der Jahre auch einiges in Sachen Solidarität mit dem kubanischen Volk bewegen. Dazu kamen gelegentliche Treffen, Skatabende, sommerliche Grillfeste, kurz, man sah sich dort, wo sich befreundete Familien begegnen.

Als die Frage nach dem Auto aufkam, dachte ich auch an die Schuberts und machte mich auf den Weg nach X-Dorf. Offen gestanden nicht ganz so zuversichtlich wie ich vor dem Telefonat mit Liesel gewesen war, aber ich wollte es versuchen. Ich habe wenig Freunde, die nebenbei für ein halbes Jahr ein Auto mieten, oder sich Drittwagen leisten können.

Unterwegs kamen mir viele Bedenken: ein Geschäftsmann hat über die Grenzen seiner Stadt hinaus auf seine Reputation zu achten. Wer sich mit Banken arrangieren muß, achtet sehr auf seinen Leumund. Wer Söhne, Töchter und Enkelkinder hat, aber auch Nachbarn, denen, wie in jeder Kleinstadt, kaum etwas entgeht, ist vorsichtig, wenn es darum geht, einen Ex-DDR-Geheimdienstchef im wahrsten Sinne des Wortes zu "mobilisieren".

Dennoch fragte ich ihn rundheraus, ob er für ein dreiviertel Jahr einen Wagen ausleihen könne? Wohlgemerkt: zum Nulltarif.

Ich hatte mit der Frage gerechnet, für wen ich ein so billiges Auto benötige und mir vorgenommen, den beiden sofort reinen Wein einzuschenken: "Ich habe durch einen Freund Markus Wolf kennengelernt, der jetzt in Düsseldorf vor Gericht steht und der braucht ein Auto!"

Würde nun eine Stasi-Debatte beginnen? Nichts dergleichen. Stattdessen konkrete Überlegungen: "Da die Familie Wolf in Berlin ein Fahrzeug besitzt und sich wohl kaum einen Zweitwagen leisten kann, müssen wir die Zulassung anders regeln. Andererseits: wenn er mit einem Firmenwagen von mir einen Unfall baut, ist das weder gut für ihn noch gut für mich. Also nehmen wir keinen Firmenwagen, sondern deinen." Der Blick galt Agnes. Die nickte kurz und stand ihrem Mann an kühler Überlegung kaum nach: "Du kommst mit deiner Frau morgen zu uns, da holt ihr den Wagen ab. Dann läßt du ihn auf eine dritte Person zu und die Sache ist geritzt".

Ein paar Tage später konnte ich den Wolfs Wagenschlüssel und die dazugehörigen Papiere geben, das Auto stand vor der Wohnung.

Man könnte fragen: ist das der Rede wert? Da verleiht ein Geschäftsmann einen PKW an einen Stasi-General, na und? Und es wird Leute geben, die argwöhnen: wer weiß ob dieser Geschäftsmann nicht auch...

Ich will dennoch bekennen, daß ich auch dieses Beispiel von Solidarität für bemerkenswert halte.

Das Wort "Solidarität" hat seinen Ursprung bekanntlich im Lateinischen und ist zu übersetzen mit "zusammengehörend, füreinander einstehend, gemeinsam verantwortlich, fest miteinander verbunden".

Soweit die Lexikon-Weisheit.

Die Wirklichkeit ist oft komplizierter.

Es ist nicht einfach zu erklären, wo die Probleme der politischen Solidarität mit ehemaligen führenden Persönlichkeiten der DDR liegen. Zum einen ist da die Tendenz bei Kommunisten, den Zusammenbruch des sozialistischen Systems allein auf das Wirken des Imperialismus zurückzuführen, in jeder Person aus der Partei- und Staatsführung der DDR eine Lichtgestalt zu sehen und auf kritische Fragen zur subjektiven Verantwortung zu verzichten.

Andere gehen differenzierter an die Frage nach der Rolle von Persönlichkeiten im Sozialismus heran. Sie übersehen nicht die Bedingungen des Belagerungszustandes, unter denen sich die ersten sozialistischen Versuche seit 1917 entwickelten, fragen aber dennoch nach den selbst verursachten Fehlern.

Die erste Auffassung ist auch von Verdrängung bestimmt und ist vor allem bei Menschen jener Generation anzutreffen, deren gesamtes Leben von Aufbau und Verteidigung des ersten sozialistischen Versuchs auf deutschem Boden geprägt wurde. Dabei ist es gleich, ob sie im Osten oder im Westen leben. Die zweite Auffassung wird von den Gedanken bestimmt, daß es unumgänglich ist, neben den historischen, vor allem vom Imperialismus ausgelösten Bedingungen, auch die subjektiven Fehler, die mit zum Scheitern des Sozialismus-Modells DDR geführt haben, aufzuarbeiten. Beide Gruppen sind sich in einem Punkt einig, in der Überzeugung nämlich, daß imperialistische Regierungen keinerlei Recht besitzen, über Staatsmänner der DDR zu Gericht zu sitzen.

Bundesanwalt Lampe beklagte sich im Verfahren bitter darüber, wie wohlwollend Presse und Fernsehen über den Angeklagten berichteten, während sie die Anklagevertreter kaum zur Kenntnis nahmen. Die Unterstützung für Markus Wolf schien auch ihn zu beeindrucken. Zudem fielen auch oft nicht gerade freundliche Worte während der Solidaritätskundgebungen.

Heinz Stehr, Sprecher der DKP, sagte vor den Versammelten am Tage des Urteils:

"Das ist ein Urteil, das wegen der Existenz der DDR gefällt wurde. Die politische Kriminalisierung wird zum Instrument gegen die wissenschaftliche Weltanschauung marxistischer Politik und ihre revolutionären Organisationen. Ein Urteil, das in die Zukunft reicht. Nach KPD-Verbot, nach Berufsverboten in der ehemaligen DDR, nach den bisherigen politischen Prozessen gegen DDR-Funktionäre soll eine Struktur geschaffen werden, die künftig linke Politik jedweder Art kriminalisiert. Dieses Urteil und dieser Prozeß gegen Markus Wolf sagen viel über die Bundesrepublik und ihre Entwicklung nach rechts aus. Für alle linken und demokratischen Kräfte sollte es ein Alarmruf sein, jetzt ihre Bemühungen um gemeinsamen Widerstand zu vertiefen."

Im Sommer hatte das Gericht fünf Wochen Pause gemacht. In oder um Düsseldorf war eine neue Unterkunft zu besorgen, denn Liesel hatte einen Mietvertrag abgeschlossen und der mußte eingehalten werden.

Ich sah mich wieder auf Erkundungsfahrten, aber Heide und Peter sprangen ein, ehe ich mich auf den Weg machte.

Solidarität erschöpft sich natürlich nicht in einer beschafften Wohnung, einem Auto oder Sympathiekundgebungen im Gerichtssaal. Wir mühten uns auch, die "Gäste" - die Anführungsstriche sollen nur andeuten, daß sie zwar willkommene aber unfreiwillige Gäste waren - in entspannende Gesellschaft zu bringen.

Zum Beispiel: eine gute Freundin, die mit ihrem Mann auf einem umgebauten Bauernhof am Niederrhein lebt, hatte Geburtstag. Sie war schon zweimal mit mir bei Gericht gewesen. Einmal allerdings nur bis zur Tür, weil an diesem Tag Kinkel und Genscher geladen und die Zuschauerbänke überfüllt waren. So blieb uns nur das gemeinsame Mittagessen mit Markus Wolf auf einem Rheinschiff. Diese Freundin hatte ein paar Wochen später erfahren, daß Andrea und Markus Wolf mit Tochter Claudia, Enkelin Elisabeth und Sohn Sascha übers Wochenende in Düsseldorf geblieben waren. Sie lud sie zur Geburtstagsfeier auf den Bauernhof. Es war einer der strahlenden Sommertage, die in milde Nächte übergehen. Im Hof stand eine lange Tafel

an der gut zwei Dutzend Gäste saßen, bunt ge-
mischt in Alter und Beruf, vom Designer bis zum
Ingenieur aus dem nahen Holland, von der Ärztin
bis zur Sekretärin. Dazwischen Andrea und Markus
und die Kinder. Natürlich wußten alle, wer da unter
ihnen saß, aber keiner stellte neugierige Fragen, jeder bewegte sich, als sei das Quintett immer dabei,
wenn auf dem Hof gefeiert wurde.

Der 6. Dezember bescherte den Höhepunkt der
Sympathie.

Schon am Abend zuvor glich meine Wohnung einer mittleren Pension.

Kurt, der mich zum "Quartiermeister" gemacht
hatte, saß neben Fred Dellheim, dem Vorsitzenden
des Interessenverbandes der Verfolgten des Nazi-
regimes. Sie hatten einen Solidaritätsappell aus
Berlin mitgebracht, in dem es hieß:

"Markus Wolf hat als Teilnehmer am antifaschistischen Kampf seinem Land, das er wie viele andere
für eine erstrebenswerte Alternative hielt, mehr als
30 Jahre als Leiter der Hauptverwaltung Aufklärung
pflichterfüllt und erfolgreich gedient. Er hat es im
Bewußtsein getan, damit seinen Beitrag zur Erhaltung des Friedens unter den Bedingungen des Kalten Krieges zu leisten.

Jetzt wird diese Tätigkeit als Vorwand genommen, um ihn unter Verletzung des Völkerrechts
wegen `Landesverrats` zu verurteilen. Der Prozeß
in Düsseldorf und ähnliche Verfahren sind eine
Strangulierung grundlegender rechtsstaatlicher
Prinzipien.

Das Ziel der gegenwärtig Herrschenden ist die
Abrechnung mit den politisch Andersdenkenden,
denen sie ihr Engagement niemals verzeihen wollen.

Diese Strafverfolgung steht in der ungebrochenen
Tradition politischer Prozesse der preußisch-deut-
schen Justiz, die - beispielhaft - bis heute verwei-

gert, das 1931 gegen Carl v. Ossietzky ergangene Urteil wegen Landesverrat aufzuheben.."

Das Schreiben trug die Unterschriften von: Prof. Dr. sc. med. Moritz Mebel; Prof. Dr.sc. med. Sonja Mebel, Berlin; Prof. Dr. Stefan Doernberg, Historiker, Berlin; Fred Dellheim; Prof. Dr. sc. med. Kurt Franke, Berlin; Peter Florin, Präsident der 42. UNO-Vollversammlung; Werner Eberlein, Berlin; Dr. Claus Croissant, Rechtsanwalt, Berlin; Margot und Kurt Goldstein; Rudolf Hirsch, Schriftsteller und Rosemarie Schuder-Hirsch, Schriftstellerin, Berlin; Dr. Wolfgang Harich, Vorsitzender der Alternativen Enquetekommission Deutsche Zeitgeschichte und Prof. Dr. jur. Bernhard Graefrath, Völkerrechtler, Berlin.

Erst lange nach Mitternacht kamen wir ins Bett. Am nächsten Morgen grüßten vor dem Gericht Solidaritätstransparente der DKP, der VVN-Bund der Antifaschisten, der Initiativgruppe für die Rehabilitierung der Opfer des Kalten Krieges, rote Fahnen wehten. Mehrere Hundert Genossinnen und Genossen der DKP, Antifaschisten aus Düsseldorf, aus Berlin und Paris drängten sich vor dem Eingang. Mitglieder der Friedrich-Wolf-Gesellschaft, Vertreter verschiedener Menschenrechtsorganisationen und die Gruppe der PDS-Bundestagsabgeordneten um Gregor Gysi und Hans Modrow. Und natürlich eine gute Hundertschaft Journalisten, Kameraleute, Pressefotografen.

In den Gerichtssaal gelangte nur jene kleine Schar von Freunden, die sich schon in der Nacht angestellt hatten. Für die vielen anderen blieb die Eingangshalle. Journalisten interviewten Familienangehörige von Markus Wolf und Politiker. Immer wieder wurden den Fragenden die gleiche Gegenfrage gestellt: kann politische Justiz ein taugliches Mittel zur Aufarbeitung der deutschen Geschichte sein?

In der Kantine des Oberlandesgerichts reichte mir eine Frau, die aus Berlin gekommen war, ein Blatt Papier: "Gegen Politische Strafverfolgung und Diskriminierung! Presseerklärung der Gesellschaft zum Schutz von Bürgerrecht und Menschenwürde (GBM) e.V... Die GBM ist der Auffassung, daß die sofortige Einstellung der pauschalen politischen Strafverfolgung und jeglicher politischer Diskriminierungmaßnahmen gegen Bürgerinnen und Bürger der ehemaligen DDR ein dringendes nationales Erfordernis ist.

Es widerspricht dem Völkerrecht, dem 2+4-Vertrag und dem Einigungsvertrag, wenn heute Menschen in den neuen Bundesländern vor Gericht gestellt oder gegen sie Berufsverbote, Rentenstrafrecht, soziale Ausgrenzungen und andere politische Diskriminierungsmaßnahmen angewandt werden, weil sie einem anderen gesellschaftlichen System gedient und nach dessen Gesetzen gearbeitet und gehandelt haben. Die pauschale Kriminalisierung dieser Handlungen steht dem berechtigten Anliegen entgegen, Straftaten auf der Grundlage des rechtsstaatlichen Nachweises individueller Schuld zu verfolgen.

Was heute in Deutschland auf diesem Gebiet geschieht, trägt nur dazu bei, die Kluft zwischen Ost- und Westdeutschen zu vertiefen.

Es ist die Rede davon, daß mehr als 100 000 Strafverfahren in den neuen Bundesländern durchgeführt werden sollen. Die Folgen sind unabsehbar! Wann werden sich die Regierenden in Bonn bewußt, daß das alles nicht nur die Spaltung zwischen Ost und West vertieft, sondern auch die allgemeine Krise in dieser Gesellschaft verschärft?..."

Ich las die lange Liste der Unterschriften: Prof. Fritz Vilmar, FU Berlin; Dr. Dieter Frielinghaus, Pastor, Bergholz; Prof. Erich Küchenhoff, Münster; Dr. Heinrich Hannover, Rechtsanwalt, Bremen; Hans

Henning Adler, Rechtsanwalt, Oldenburg; Otto Pfeifer, Berlin; Prof. Dr. Heinrich Scheel, Berlin; Guyla Thümer, Vors. Ungarische Arbeiterpartei; Dieter Lattmann, München; Martin Walser, Überlingen - Nussdorf; Dr. Jakob, Pfarrer, Berlin; Prof. D. Walter Kreck, Bonn; Eckart Spoo, Hannover; Werner Heiden, Berlin; Prof. Willy Sitte, Halle; Dr. Friedrich Wolff, Rechtsanwalt, Berlin; Dr. Günter Maleuda, Berlin; Prof. Gilbert Badia, Paris; Dr. Hans Watzek, Berlin; Friedrich Schorlemmer, Lutherstadt Wittenberg; Maria Klemm-Herbers, Theologin, Basel; Prof. Wolfgang Richter, Berlin; Prof. Uwe-Jens Heuer, Berlin; Prof. Valko Valkanoff, Sofia.

Die Frau erzählte mir von einer Pressekonferenz der GBM in Berlin, auf der Hans Bauer, Vorstandsmitglied der Gesellschaft für rechtliche und humanitäre Hilfe (GRH) erklärt hatte:

"Der Prozeß gegen Markus Wolf ist rechtswidrig. Prof. Wesel, ein bekannter westdeutscher Rechtsgelehrter, hat kürzlich gesagt, dieser Prozeß sei die Arroganz des Westens auf ihrem Höhepunkt. Der Prozeß verstößt gegen international gültige Strafrechtsprinzipien, wie das Rückwirkungsverbot, das Verjährungsgebot und das Prinzip der Gleichbehandlung. Es steht nach allen juristischen Regeln fest, daß diejenigen, die diese Prozesse betreiben, sich der Rechtsbeugung schuldig machen."

Prof. Friedrich Jung hatte daran angeknüpft: "Ich fordere Gleichbehandlung. Ich war Ende des 2. Weltkrieges gegen den ausdrücklichen Führerbefehl Parlamentär. Ich bin mir darüber im Klaren, daß mich Herr Filbinger damals zum Erhängen oder Erschießen verurteilt hätte. Er ist für mich ein Verbrecher. Er ist nie strafrechtlich verfolgt worden.

Es ist für mich unfaßbar, woher diejenigen, die diese Verbrecher nie verfolgt haben, den moralischen Anspruch nehmen, jetzt DDR-Bürger zu verurteilen, die - wenn auch in ihrem Wollen historisch erfolglos - doch einen weit höheren moralischen Anspruch an ihr Wirken gelegt hatten, als die Bundesrepublik je auf ihre Fahnen geschrieben hatte.

Herr Wolf hat seinem Staat genau so gedient, wie Herr Kinkel als ehemaliger Nachrichtendienstchef dem seinen. Es mutet schon paradox an, daß niemand, wenn solche Geheimdienstarbeit, der sich doch alle Staaten der Welt gern bedienen, unter Strafe gestellt werden soll, gegen Herrn Kinkel ermittelt".

Von unten erreichte uns die Nachricht vom Urteil.

Aufrechten Ganges verließ er das Oberlandesgericht in Düsseldorf. An seiner Seite Andrea und wir, Freunde, Genossinnen und Genossen.

In seinem Schlußwort hatte er gesagt: "Solidarität ist etwas ganz Wichtiges, vielleicht das Wichtigste überhaupt. Die Solidarität lassen wir uns nicht nehmen."

Ich ging allein zum Rheinufer, nur ein paar Schritte, ließ die letzten Monate noch einmal Revue passieren, erinnerte mich des Anrufs aus Berlin, der mich nicht nur überraschte, sondern von einem Augenblick zum anderen vor eine Aufgabe stellte, die mir zuerst schwer lösbar erschien und die dann dank der Solidarität nur eine von vielen war, die wir in Angriff nahmen und zu Ende brachten.

Ich kann guten Gewissens schwören, bis zu jenem Anruf nie für Markus Wolf gearbeitet zu haben.

Ich kannte seinen Vater dem Namen nach, seinen Bruder von Filmen wie "Goya", Markus hatte ich nur auf jenem geheimnisumwitterten Bild aus Schweden und später im Fernsehen gesehen.

"Goya?" Mir fiel ein, daß Konrad Wolf damals nicht nur einen großen Film schuf, sondern einen der berühmtesten deutschen Schauspieler überredet hatte, noch einmal vor die Filmkamera zu treten: Ernst Busch.

Und in diesem Augenblick hatte ich seine Stimme im Ohr, seine Aufforderung, die wir ihn hunderte Mal im Leben haben singen hören: "Vorwärts und nicht vergessen - die Solidarität!"

INHALT